अॅनसंग कम्पोज़र ऑफ आईएनए

कैप्टन राम सिंह ठाकुर

(जन-गण-मन धुन के जनक)

ॲनसंग कम्पोज़र ऑफ आईएनए

कैप्टन राम सिंह ठाकुर

(जन-गण-मन धुन के जनक)

सम्पादक

राजेन्द्र राजन

भारतीय ज्ञानपीठ

पहला संस्करण : 2021
दूसरा संस्करण : 2022

दूसरे संस्करण में प्रकाशित प्रतियाँ : 110

भारतीय ज्ञानपीठ
लोकोदय ग्रन्थमाला : ग्रन्थांक 1491

प्रकाशक
वाणी प्रकाशन ग्रुप
4695, 21-ए, दरियागंज, नयी दिल्ली-110 002
फ़ोन : 011-23273167, 23275710
ईमेल : sales@vaniprakashan.in

ISBN : 978-93-90659-81-4

अॅनसंग कम्पोज़र ऑफ आईएनए
कैप्टन राम सिंह ठाकुर
(जन-गण-मन धुन के जनक)
सम्पादक : राजेन्द्र राजन

UNSUNG COMPOSER OF INA
CAPTAIN RAM SINGH THAKUR
(Jan-Gan-Man Ke Janak)
Edited by Rajendra Rajan

मुद्रक : आर. टेक ऑफ़सेट प्रिंटर्स, दिल्ली-110 032

आवरण : सतीश वर्मा, चण्डीगढ़

Price : INR. 500

नेताजी सुभाष चन्द्र बोस को

महात्मा गांधी के समक्ष राष्ट्रगान धुन प्रस्तुत करते हुए

कैप्टन राम सिंह ठाकुर

अनुक्रम

यह पुस्तक क्यों?

–राजेन्द्र राजन

मैंने 27 जनवरी, 2016 को नई दिल्ली स्थित नेहरू स्मारक संग्रहालय एवं पुस्तकालय को एक लम्बा पत्र प्रेषित किया था। इस पत्र में मैंने निदेशक महोदय से निवेदन किया था कि नेहरू संग्रहालय ने जो सामग्री कैप्टन राम सिंह ठाकुर के विषय में रिकार्ड की थी उसे मेरी प्रस्तावित पुस्तक में समावेश करने की अनुमति प्रदान करें। मेरा आग्रह था कि पुस्तक के माध्यम से मैं भारतवर्ष के प्रति राम सिंह ठाकुर के अमूल्य योगदान व अवदान को प्रकाश में लाना चाहता हूं ताकि भावी पीढ़ियां इस महान व युगान्तरकारी पुरुष को याद रख सकें। मैंने यह भी लिखा था कि इस पुस्तक का उद्देश्य कतई भी कमर्शियल नहीं है।

इस विषय में मुझे 7 मार्च 2016 को नेहरू संग्रहालय के शोध अधिकारी श्री जीवन सी रणसिकोटि का पत्र संख्या 53/573/1971–ओएचडी प्राप्त हुआ था। पत्र में कहा गया था कि मैं पहले कैप्टन राम सिंह के एक वारिस यानी उनके सपुत्र से पहले स्वीकृति प्राप्त करूं ताकि नेहरू संग्रहालय द्वारा संरक्षित सामग्री के प्रकाशन के विषय में मेरे अनुरोध पर आवश्यक कार्यवाही की जा सके।

मैंने कैप्टन राम सिंह ठाकुर के लखनऊ रहने वाले वारिसों से सम्पर्क साधने का प्रयास किया लेकिन, उनका सही आवासीय पता प्राप्त न होने के कारण मैं सफल नहीं हो सका। लेकिन नवम्बर 2020 के अन्त में मेरा सम्पर्क कैप्टन राम सिंह ठाकुर के सपुत्र श्री रमेश कुमार जी से हुआ। वे दिल्ली में रहते हैं। उन्होंने पुस्तक प्रकाशन के बारे में हर्ष जताया और अपनी सहमति दी। उन्होंने पुस्तक के लिए कुछ दुर्लभ चित्र भी उपलब्ध कराए।

मई 1999 में जब पहली दफा मेरी भेंट कैप्टन राम सिंह ठाकुर से धर्मशाला के सर्किट हाउस में हुई थी तो उनके सपुत्र श्री उदय शंकर भी उनके साथ थे। धर्मशाला के समीप नड्डी में रहने वाले कर्नल एस.एस. गुरंग भी उपस्थित थे। कर्नल गुरंग कैप्टन राम सिंह के अंतरग मित्रों में से एक थे। वे धर्मशाला स्थित मेरे कार्यालय में अक्सर आते-जाते रहते थे। यही नहीं मुझे कर्नल गुरंग के घर भी जाने का सौभाग्य प्राप्त हुआ था और उन्होंने मुझे कैप्टन राम सिंह से जुड़े अनेक मौलिक दस्तावेज प्रकाशनार्थ दिए थे।

कर्नल एस.एस. गुरंग की प्रेरणा से मैंने 'दी ट्रिब्यून' चंडीगढ़ के लिए एक लेख लिखा था जो उन्होंने दिनांक 4 मई, 2002 को प्रकाशित किया था। कुछ अन्य लेख भी कलान्तर में दिव्य हिमाचल, दैनिक भास्कर, राजस्थान पत्रिका आदि समाचार पत्रों में प्रकाशित हुए। राम सिंह ठाकुर व उनके पुत्र ने मुझे नेहरू संग्रहालय द्वारा रिकार्ड की गई सामग्री की फाईल भी सौंपी थी। उसकी एक प्रति स्वर्गीय कर्नल गुरंग के पास भी थी जो शायद कर्नल गुरंग से लेकर उन्होंने मुझे इस आशय और विश्वास के साथ सौंपी थी कि एक दिन मैं इसका उपयोग किसी पुस्तक के रूप में कर पाऊं। अतः मुझे यह लगा कि जब कैप्टन राम सिंह ठाकुर व उनके बेटे श्री उदय शंकर की मौखिक सहमति मुझे प्राप्त थी तो मुझे नेहरू संग्रहालय से स्वीकृति लेने की क्या आवश्यकता है? और फिर यह पुस्तक राष्ट्रहित व जनहित में है। मैं ऐसे व्यक्ति को प्रकाश में लाने का प्रयास कर रहा हूं जो देशप्रेम व राष्ट्रभक्ति का एक महान रोल मॉडल है। जो ताउम्र गुमनामी व उपेक्षा का दंश झेलता रहा। ना ही भारत सरकार, ना ही किसी अन्य बड़े संस्थान ने स्वतंत्रता आंदोलन के संघर्ष में उनकी सेवाओं का स्मरण किया। उन्हें जीते जी या मरणोपरान्त पुरस्कृत करने का तो प्रश्न ही पैदा नहीं होता। क्योंकि कैप्टन राम सिंह नेताजी सुभाष चन्द्र बोस की आईएनए में बैंडमास्टर थे, उनकी उपेक्षा स्वाभाविक सी लगती है। नेताजी सुभाष चन्द्र बोस के महात्मा गांधी, जवाहर लाल नेहरू आदि से मतभेद थे। एक प्रकार से कांग्रेस पार्टी जो देश को ब्रितानी हुकूमत से आज़ाद करवाने का सेहरा अपने सिर बांधती है, नेताजी सुभाष व उनकी आईएनए के योगदान को नहीं पचा पायी। यही नहीं, भगत सिंह जैसे क्रांतिकारी को जो उचित सम्मान मिलना चाहिए था, उसकी ओर भी आज़ादी के 73 साल बाद भी हमारी सरकारों का रवैया संवेदनहीन बना हुआ है। सुभाष की मृत्यु आज तक रहस्यमयी पहेली

की तरह हमारे राष्ट्र को मानसिक रूप से उलझाए हुए है। ऐसे माहौल में एक गोरखा सिपाही जिसकी जड़ें हिमाचल प्रदेश के धर्मशाला के समीप खनियारा गांव में थीं, के सम्मान के बारे में भारत सरकार की सोच कैसे उनके सम्मान की प्रतीक हो सकती है? उल्टे उनके योगदान को कई बार गौण करने का प्रयास किया जाता रहा है। यह कहकर कि जिस राष्ट्रगान, 'जन गण मन' की रचना रवीन्द्रनाथ टैगोर ने की थी, उन्होंने ही इसका संगीत तैयार किया था, जो वास्तविकता से कोसों दूर है।

यह विवाद का विषय हो सकता है, मगर राष्ट्रगान की मौलिक धुन के रचयिता कैप्टन राम सिंह ही थे, यह सत्य है। अगरचे इस धुन को परिष्कृत कर आज़ादी के बाद इसे राष्ट्रगान की धुन के रूप में अपनाया गया। लेकिन वह दिन दूर नहीं जब देर-सवेर कैप्टन राम सिंह के योगदान को राष्ट्र स्वीकार करेगा। ऐसा न होता तो नेहरू स्मारक संग्रहालय तथा पुस्तकालय द्वारा 20 मई 1971 को कैप्टन राम सिंह का मौखिक इतिहास इन्टरव्यू क्यों रिकार्ड किया जाता? फिर उन्होंने स्वतंत्रता प्राप्ति से पूर्व वाल्मिकी आश्रम में महात्मा गांधी के समक्ष राष्ट्र गान की धुन प्रस्तुत करने का सुनहरी अवसर क्यों प्रदान किया जाता? यहीं नहीं 15 अगस्त 1947 को जब भारतवर्ष ने स्वतंत्र राष्ट्र के रूप में आंखें खोलीं तो पंडित जवाहर लाल नेहरू के लाल किले की प्राचीर पर प्रथम सम्बोधन से पूर्व कैप्टन राम सिंह को ही राष्ट्रगान की धुन प्रस्तुत करने का गौरव प्रदान किया गया था। तब वे मसूरी में थे। उन्हें विशेष रूप से इस गीत की अदायगी के लिए दिल्ली आमंत्रित किया गया था।

इससे पूर्व विमल राय 'हमराही' (1945) फिल्म में राष्ट्रगान के हिन्दी रूपान्तरण को दर्शकों के समक्ष लाए थे। यह समूचा गीत नाकि इसका संक्षिप्त संस्करण। फिल्म में वह 4 मिनट की अवधि का था। आज़ादी के बाद राष्ट्रगान को 52 सैकण्डस की अवधि में परिमार्जित कर इसे पुर्नरचित किया गया। इसकी मूल धीमी धुन को राम सिंह ने ही फास्ट अर्किस्ट्रा ट्रैक में परिवर्तित किया था। इसके लिए जर्मनी के एक म्यूज़िक डायरैक्टर ने अरेन्जर के रूप में काम किया था। 1945 में 'हमराही' फिल्म के संगीतकार रॉय चन्द बोराल थे और उन्होंने राष्ट्रगान को स्वयं कम्पोज़ की गई धुन में रिकार्ड किया था। यह एक समूह गान था जिसे फिल्म के ओपनिंग क्रेडिटस नेहरू स्मारक संग्रहालय के मौखिक इतिहास विभाग की एक घोषणा राम सिंह ठाकुर ने 22 मार्च 1990

को की थी। इसमें कहा गया है कि ''मैं इस बात से सहमत हूं नेहरू स्मारक संग्रहालय और लाइब्रेरी के मौखिक इतिहास विभाग के लिए मैंने जो सामग्री रिकार्ड करवाई थी, उसका उपयोग ऐतिहासिक शोध या ऐतिहासिक ज्ञान के प्रसार के लिए किया जा सकता है। जैसे उनके द्वारा या उसका उपयोग करने वाले शोध छात्रों द्वारा उसका प्रकाशन व प्रसारण''। इस बात से यह स्पष्ट है कि राम सिंह अपने योगदान के प्रसार के लिए इच्छुक थे और यही ख्वाहिश उन्होंने धर्मशाला में मुझसे भेंट के दौरान ज़ाहिर की थी।

कैप्टन राम सिंह ठाकुर का जन्म 15 अगस्त 1914 को धर्मशाला के समीप खनियारा गांव में हुआ था उनके पिता दिलीप सिंह ठाकुर ब्रिटिश इंडिया आर्मी में हवलदार थे। दिलीप सिंह की चार संताने थीं-तीन पुत्र राम सिंह, रघुवीर सिंह, पूरन सिंह और एक पुत्री-दुर्गावती ठाकुर। उनकी आरम्भिक शिक्षा धर्मशाला में ही हुई। 1928 को सेना में लान्स नायक के रूप में भर्ती हुए। 1935 में नायक बने तो 1940 में हवलदार मेजर के पद पर पदोन्नत हुए। 1941 में उनका आज़ाद हिन्द फौज में प्रवेश हुआ और फौज के बैंड में उन्हें म्यूजिक डायरैक्टर के रूप में उन्हें कैप्टन का ख़िताब दिया गया। 1942 में ब्रिटिश सरकार द्वारा उन्हें गिरफ्तार किया गया। रिहाई के पश्चात् उन्होंने आईएनए आर्केस्ट्रा का गठन किया। आर्मी पुलिस बैंड के सलाहकार के रूप में लम्बे अरसे तक कार्य किया। राष्ट्र गान जन गन मन की मूल धुन की एतिहासिक रचना के अलावा जिस अन्य एक और राष्ट्रभक्ति से ओत-प्रोत गीत के लिए उन्हें याद किया जाता है वह है, 'कदम कदम बढ़ाए जा खुशी के गीत गाए जा, ये जिन्दगी है कौम की तू इसे कौम पे लुटाए जा...'

शानदार सफर की गौरवमयी गाथा

कैप्टन राम सिंह ठाकुर हमारे देश के ऐसे जननायक हैं, जिनके बहुमूल्य व अविस्मरणीय योगदान से आमजन आमतौर पर अनभिज्ञ सा रहा है। गोरखा समुदाय से संबंधित कैप्टन राम सिंह को बचपन से ही संगीत से गहरा लगाव था। वे जानवरों के सीगों को बांसुरी बनाकर सुरीली व दिलकश धुने निकालते थे। संगीत के प्रति उनका जुनून इस हद तक उनके दिलो-दिमाग़ पर छाया हुआ था कि धर्मशाला से डेढ़ सौ किलोमीटर का सफर पैदल तयकर जालंधर में होने वाले हरबल्लभ संगीत सम्मेलन में देश ज़े महान शास्त्रीय गायकों

को सुनने के लिए पहुंचते थे। यही कारण था कि जब वे महज़ 13 या 14 साल के थे तो सेकेंड गोरखा राइफल्स यूनिट के बैंड में बतौर रंगरूट भर्ती हो गये थे। ये बात साल 1927 की है जब मिडल की परीक्षा पास करने के बाद वे फौज में भर्ती हो गए थे। बस फिर क्या था। मन मुराद नौकरी मिलते ही उन्होंने फौज में बैंड में बायलिन बजाना सीख लिया। राम सिंह के पिता हवलदार दलीप सिंह चूंकि स्वयं फौज में रहे थे तो वे चाहते थे कि उनका होनहार बेटा राम सिंह भी फौज में अपनी सेवाएं प्रदान करे।

राम सिंह के पिता तो अपने बेटे को संगीतकार के रूप में स्थापित हुए नहीं देखना चाहते थे लेकिन उनके मामा के पिता नत्थू चंद उन्हें इस बात के लिये बार-बार प्रेरित करते थे कि वे संगीत सीखें और फौज में रहते हुए कामयाबी की बुलंदी को छूने का प्रयास करें। और हुआ भी यही। भारत पर ब्रतानवी हुकूमत का राज था और फौज में अनेक ऐसे अंग्रेज़ अफसर थे जो भारतीय फौजियों को संगीत में प्रशिक्षण प्रदान करते थे ताकि वे फौज में बैंड पर भारतीय धुनों की रचना करने की बजाय महारानी विक्टोरिया के स्तुतिगान के लिए धुनें तैयार करें। यह सही है कि राम सिंह को भारतीय फौज यानी सेकण्ड गोरखा राइफल्स में बतौर एक सिपाही रहते हुए उस ज़माने के नामचीन अंग्रेज़ अफसरों से संगीत में प्रशिक्षण प्राप्त करने का मौका मिला। इनमें ब्रास बैंड में और स्ट्रिंग बैंड और डान्स बैंड में भी राम सिंह ने अपने अन्य सहयोगियों के साथ प्रशिक्षण प्राप्त किया था। राम सिंह ने जिन अंग्रेज़ संगीतकारों से आर्केस्ट्रा पर संगीत का प्रशिक्षण प्राप्त किया था उनमें डैनिश, हडसन और कैप्टन रोज़ प्रमुख थे। वॉयलिन उनका प्रमुख वाद्ययंत्र था। 1947 में 16 अगस्त को लाल किले पर जब पंडित नैहरू ने पहला तिरंगा फहराया था तो कैप्टन राम सिंह को कौमी तराना प्रस्तुत करने के लिये निमंत्रित किया गया था।

दिसंबर 1941 में राम सिंह को कंपनी हवलदार के रूप में पदोन्नत कर उनकी यूनिट को मलाया-थाइलैंड भेज दिया गया था, ताकि वे दूसरे विश्व युद्ध में जापान के विरुद्ध लड़ सकें। 15 फरवरी 1942 को जापान ने सिंगापुर पर विजय प्राप्त की और हजारों भारतीय सैनिकों को युद्ध बंदी बना लिया। किस्मत का खेल देखिए कि जब रास बिहारी बोस के नेतृत्व में आज़ाद हिन्द फौज का गठन हुआ तो जापान ने लगभग 40 हजार भारतीय सैनिकों को

रिहा कर दिया और वे आईएनए में शामिल हो गये। जापान चाहता था कि जो ब्रिटेन उसके विरुद्ध जंग छेड़े हुए था, उसके ही ख़िलाफ भारतीय सैनिक भारत को स्वतंत्र करवाने के लिये लड़ें। यही कारण था कि जापान ने अपने संसाधनों का इस्तेमाल आएएनए को सुदृढ़ करने में किया।

राम सिंह की संगीत के प्रति बेपनाह मुहब्बत और प्रतिभा की पहचान सुभाष बोस ने की और उन्हें रवींद्र नाथ टैगोर के गीत को आईएनए का कौमी तराना यानी नेशनल एन्थम तैयार करने के लिये प्रेरित किया। सिंगापुर रेडियो में रिक्रटर राइटर व आईएनए के दो फौजी अफसरों ने टैगोर के बांगला गीत का सरलीकरण कर उसे कौमी तराना बनाया और राम सिंह ने लंबे अभ्यास के बाद आईएनए के बैंड पर इसे तैयार किया। 31 अक्तूबर 1943 को सिंगापुर में सुभाष चन्द्र बोस के नेतृत्व में आज़ाद हिन्द फौज का गठन हुआ और इसी रोज़ कैप्टन राम सिंह ने आईएनए के 'कौमी तराना' 'शुभ सुख चैने की बरखा बरसे भारत भाग है जागा... की पहली बार ओर्केस्ट्रा पर प्रस्तुत दी।

यही वो मूल धुन थी जिसकी बुनियाद पर 1947 में भारत की आज़ादी के बाद राष्ट्रगान की शब्द रचना में परिवर्तन कर इसे 52 सेकण्ड में समेटा गया। संविधान सभा ने 24 जनवरी 1950 को कैप्टन राम सिंह के संगीत को ही अपनाया। 1971 में नई दिल्ली स्थित नैहरू म्यूजियम एवं लाइब्रेरी के अनुसंधान अधिकारी द्वारा रिकार्ड किए गये एक खूब लम्बे साक्षात्कार में राम सिंह ने कहा था, 'पंद्रह अगस्त 1947 को जब हमारा देश आज़ाद हुआ तो भारत के प्रथम प्रधानमंत्री पंडित जवाहर लाल नेहरू ने अपने कर कमलों से लाल किले पर तिरंगा झंडा फहराया था और मुझे आईएनए के कौमी तराना की प्रस्तुति देने का सुअवसर प्राप्त हुआ था। आज हमारे भारत में राष्ट्रीय गान की वही धुन है जिसे मैंने 15 अगस्त 1947 को लाल किला में प्रस्तुत किया था और 31 अक्तूबर 1943 में सिंगापुर में जब हमारी आरजी हुकूमत बनी थी तब कैथे बिल्डिंग में बजाई थी। भारत आने के बाद हम लोग हर प्रदर्शन में प्रोग्राम की समाप्ति पर आज़ाद हिन्द फौज का कौमी तराना गाया करते थे। पंडित जवाहरलाल जी ने एक किताब में इस राष्ट्रीय गीत के बारे में और वंदे मातरम् के बारे में टीका-टिप्पणी की है। किताब का नाम 'ऑवर नेशनल एन्थम है' जिसमें उन्होंने स्पष्ट शब्दों में लिखा है,

'आज हम जो राष्ट्रीय गीत गा रहे हैं, उसे हमारी सरकार ने पास किया है। इस धुन को आज़ादी से पहले फॉर ईस्ट एशिया में नेताजी सुभाष चन्द्र बोस ने बनवाया था। आज़ाद हिन्द फौज में यह धुन राष्ट्रीय गीत, कौमी तराना, के रूप में गाई जाती रही है। भारत आकर इस राष्ट्रीय धुन को आज़ाद हिन्द फौज ने लोकप्रिय किया और आज उसी धुन पर हम लोग अपना भारत का राष्ट्रगान गाते हैं।'

अब एक दिलचस्प और ऐतिहासिक घटना का ज़िक्र। आज़ादी से पूर्व राम सिंह अपने सैंकड़ों साथियों के साथ दिल्ली के काबुल लाइनस कैन्टोनमेंट में बंदी थे। एक दिन शाम को करीब 7 बजे राम सिंह के बैरक के सामने दो-तीन कारें आकर खड़ी हो गईं। पहली कार पर आर्मी जनरल का झंडा लगा हुआ था। फिर बापूजी जनरल की कार से उतरे। सरदार वल्लभभाई पटेल, रघुनंदन सरन, आर्मी जनरल और बड़े-बड़े आर्मी अफसर साथ थे। बापू जी के गेट में प्रवेश करते ही सभी स्वतंत्रता सेनानियों ने महात्मा गांधी की जय, 'भारत माता की जय, 'नेताजी की जय,' नेहरू जी की जय, नेहरूजी की जय' के नारों के साथ-साथ जय हिन्द कह कर उनका स्वागत किया। राष्ट्रपिता के आगमन पर राम सिंह ने आज़ाद हिन्द फौज का कौमी तराना गाकर महात्मा गांधी का सम्मान करने की इच्छा व्यक्त की थी। राष्ट्रपिता का आदेश मिलते ही जनरल भौंसले ने राम सिंह की तरफ इशारा करते हुए कहा कि वे अपनी वॉलियन पर कौमी तराने की धुन शुरू करें। इसके पश्चात राम सिंह ने अपने सभी साथियों के साथ वायॅलिन पर आज़ाद हिन्द फौज का कौमी तराना पेश किया जिसकी महात्मा गांधी ने सराहना की। यह सचमुच सौभाग्य की बात है कि राम सिंह को राष्ट्रपिता के समक्ष राष्ट्रगान की धुन प्रस्तुत करने का सुनहरी अवसर प्राप्त हुआ था। यह एक ऐतिहासिक व अविस्मरणीय क्षण था जो इतिहास में दर्ज है।

1948 में कैप्टन राम सिंह को लखनऊ में पीएसी में नौकरी मिल गई और वे 1974 तक प्रोवेंशियल आर्म्ड कौन्सटैबुलरी में नौकरी करते रहे और डीएसपी के पद से रिटायर हुए। उनका निधन 15 अप्रैल 2002 को 87 वर्ष की आयु में लखनऊ में हुआ। कैप्टन राम सिंह मूल रूप से हिमाचल के रहने वाले थे और उन्होंने आईएनए में रहते हुए जापान के विरुद्ध युद्ध लड़ा और उसके पश्चात आज़ाद हिन्द फौज में बतौर कैप्टन रंगून और अगरतला

में सिपाही के रूप में ब्रतानी हुकूमत के खिलाफ जंगे-आज़ादी में भाग लिया था। उन्हें अनेक पुरस्कारों से विभूषित किया गया था। प्रथम पुरस्कार उन्हें नेताजी सुभाष चन्द्र बोस ने 1944 में प्रदान किया गया था। यह स्वर्ण पदक 23 जनवरी 1944 को रंगून में आज़ाद हिन्द फौज के जनरल लोखानंद ने उन्हें दिया था। इस मौके पर पूर्वी एशिया यानी सिंगापुर और मलाया में रहने वाले तीस लाख भारतीयों ने आईएनए का कौमी तराना गाया था। यह पदक प्रदान करते हुए प्रशस्ति में कहा गया, 'राम सिंह को यह पदक आईएनए की सर्वोच्च कमान की ओर से उनकी अद्वितीय सेवाओं के लिए प्रदान किया जाता है।'

यह बात कम आश्चर्यजनक नहीं है कि कुल 64 राष्ट्र भक्ति गीतों की धुनें कम्पोज़ करने वाले कैप्टन राम सिंह ने आईएनए के बैंड पर एक और बेहद लोकप्रिय गीत की धुन तैयार की थी जिसकी शब्द रचना स्वयं कैप्टन राम सिंह ने की थी। इस गीत के बोल हैं कदम-कदम बढ़ाए जा खुशी के गीत गाए जा ये जिन्दगी है कौम की तू कौम पे लुटाए जा यह गीत आईएनए की मार्शल टयून है जिससे करोड़ों भारतीय प्रेरित होकर देश की आज़ादी के लिए मर मिटने को तैयार हो गए थे।

सन् 1944 में स्वर्ण पदक के अलावा कैप्टन राम सिंह को अनेक अन्य पुरस्कारों से भी नवाजा गया जिनमें 1956 में उन्हें उत्तर प्रदेश के राज्यपाल पदक से सम्मानित किया गया था, तो 1972 में उन्हें राष्ट्रपति पदक भी दिया गया। वर्ष 1979 में उत्तर प्रदेश की संगीत नाटक अकादमी ने भी उन्हें पुरस्कृत किया था और 1993 में सिक्कम सरकार के मास्टर मित्रसेन पुरस्कार से भी नवाज़ा गया था। साल 1996 में उन्हें पश्चिम बंगाल सरकार के पहले आईएनए पुरस्कार से सम्मानित किया गया था। इसी प्रकार 1971 में उत्तर प्रदेश सरकार ने कैप्टन राम सिंह को संगीत में आजीवन सेवा के लिए एमरिटस म्यूजिसियन के पुरस्कार से विभूषित किया गया था। यह हर्ष का विषय है कि कैप्टन राम सिंह के बारे में तमाम ऐतिहासिक दस्तावेज व जानकारियां आकाशवाणी और दूरदर्शन के आर्काइव के अलावा पीएसी मुख्यालय लखनऊ में भी उपलब्ध हैं।

राष्ट्रगान की धुन पर विवाद क्यों?

–राजेन्द्र राजन

राष्ट्रगान जन-गण-मन की रचना मौलिक रूप में रवीन्द्र नाथ टैगोर ने बांगला भाषा में की थी जिसका हिन्दी रूपान्तरण 24 जनवरी, 1950 को 'नेशनल एन्थम' यानी राष्ट्रगान के रूप में अपना लिया गया था। राष्ट्रगान की स्वीकृति संविधान के निर्माण के लिए गठित असैम्बली ने की थी। ऐसा माना जाता है कि राष्ट्रगान की शब्द रचना और संगीत स्वयं टैगोर ने 1911 में तैयार किए थे और इसे पहली बार कलकत्ता में इण्डियन नेशनल कांग्रेस के अधिवेशन में 27 दिसम्बर 1911 को प्रस्तुत किया गया था। यही नहीं, राष्ट्रगान के सम्पूर्ण संस्करण का बांगला से अंग्रेजी में अनुवाद हुआ था, तो इसमें संस्कृत भाषा के बहुत से कठिन शब्दों का प्रयोग किया गया था जिसे उस समय साधुभाषा भी कहा जाता था, लेकिन जब टैगोर के राष्ट्रगान को स्वतन्त्रता प्राप्ति के उपरान्त परिष्कृत्त रूप में अपना लिया गया तो इसकी अवधि केवल 52 सेकण्डस थी। लेकिन राष्ट्रगान का सम्पूर्ण संस्करण पांच अन्तरों में फैला हुआ है और इसकी अवधि 3-5 मिनट तक थी।

राष्ट्रगान की रचना मूल रूप से रवीन्द्र नाथ टैगोर ने बांगला में की थी किन्तु इसका हिन्दी और उर्दू भाषाओं में अनुवाद आबिद अली ने किया था। ऐसा भी माना जाता है कि जब मूल गीत का हिन्दी में अनुवाद किया गया तो वह मूल गीत से थोड़ा अलग हो गया। पंडित जवाहरलाल नेहरू के आग्रह पर अंग्रेज़ी भाषा के संगीतकार हबर्ट मुरेल ने आरकेस्ट्रा के साथ राष्ट्रगान के सम्पूर्ण संस्करण को प्रस्तुत किया था जो स्वयं में एक नायाब उपलब्धि मानी गई थी।

इतिहास साक्षी है कि राष्ट्रगान की धुन व संगीत को लेकर लम्बे समय से विवाद बरकरार है। बांगला में रवीन्द्रनाथ टैगोर को ईश्वर के समान पूजा

जाता है और बहुत से बांगला लोगों को यह क़त्तई स्वीकार नहीं था कि टैगोर जैसे महान लेखक की रचना और उसके संगीत पर कैप्टन राम सिंह ठाकुर बैंड मास्टर दावा करें। टैगोर को ही समर्पित विश्वभारती विश्वविद्यालय के एक सदस्य ने तो कैप्टन राम सिंह ठाकुर के विरुद्ध कार्रवाई करने की मांग कर डाली थी। इसका परिणाम यह हुआ कि 'गोरखा हिल कॉऊंसिल' ने कलकत्ता के समाचार पत्रों में एक लिखित विज्ञापन प्रकाशित कर कैप्टन राम सिंह की उपलब्धि को महान बताया था।

रवीन्द्र संगीत को पुष्पित व पल्लवित करने वाले एक बड़े संगीतकार सुविनय राय का मत था कि कैप्टन राम सिंह ठाकुर एक गोरखा सिपाही थे और वे राष्ट्रगान का संगीत कम्पोज़ करने में सक्षम नहीं थे, क्योंकि इस काम के लिए संगीत के अथाह ज्ञान और प्रशिक्षण का होना लाज़मी माना गया। मगर सुविनय राय के कथन की सत्यता का कोई आधार अथवा प्रमाण उपलब्ध नहीं है।

नेताजी सुभाष चन्द्र बोस के भतीजे डॉ. शिशिर बोस का कहना है कैप्टन राम सिंह ने एक हिन्दी गीत, 'शुभ सुख चैन की बरखा बरसे, भारत भाग है जागा' का संगीत तैयार किया था जो राष्ट्रगान से मिलता-जुलता है। इस गीत की धुन नेताजी के आदेश पर तैयार की गई थी क्योंकि वे चाहते थे कि जन-गण-मन एक मार्शल धुन बने और इण्डियन नेशनल आर्मी अर्थात आईएनए के सिपाही 'कदम से कदम बढ़ाए जा' की तर्ज़ पर ही बुलन्दी से मार्च कर सकें। डॉ. शिशिर बोस का मानना है कि अगर युद्ध में आईएनए सफल रहती तो शायद कैप्टन राम सिंह ठाकुर की इस कम्पोजीशन को राष्ट्रगान के रूप में अपनाया जा सकता था। लेकिन यह सही नहीं है और भ्रामक है। लखनऊ से प्रकाशित होने वाले अंग्रेज़ी अखबार 'पॉयनिर' में 24 फरवरी 1997 को लैफ्टिनैंट कर्नल (सेवानिवृत्त) लक्ष्मी सहगल का एक लम्बा पत्र छपा है। वे आईएनए में थीं और स्वतन्त्रता सेनानी थीं। सेवानिवृत्ति के बाद कानपुर में रहती थीं। उनका पत्र 'पॉयनिर' में 14 फरवरी 1997 को छपे अर्चना श्रीवास्तव के एक लेख के प्रतिउत्तर व प्रतिक्रिया के रूप में था, जिसका शीर्षक था 'आईएनए' नैशनल एन्थम एंड कैप्टन राम सिंह।' इस पत्र में लक्ष्मी सहगल लिखती हैं, 'सुभाष चन्द्र बोस की सेना में रहते हुए मैं उन सभी मामलों से करीब से बाबस्ता रही जिनकी शुरुआत बोस ने की थी।

अत: मैं इस बात के लिए स्वयं को सक्षम महसूस करता हूं कि कैप्टन राम सिंह के बारे में पैदा किए गए विवाद व भ्रम को दूर करूं। निश्चित रूप से कैप्टन राम सिंह एक बहादुर गोरखा सिपाही थे। उनमें संगीत की विलक्षण प्रतिभा थी। लेकिन वे बचपन में ही अपने पिता के क्रोध का शिकार होते रहे। उनके पिता नहीं चाहते थे कि राम सिंह संगीतकार बनें। राम सिंह बांसुरी पर धुनों का अभ्यास करते रहते थे। वॉयलिन पर भी। रामसिंह के पिता उनकी प्रतिभा के प्रति असंवेदनशील बने रहे। पारिवारिक परम्परा ने रामसिंह को गोरखा रेजिमेन्ट में भर्ती होने के लिए बाध्य किया। यहां रहकर उन्होंने गोरखा बैन्ड में पाश्चात्य संगीत की परम्पराओं को सीखा। उनकी यूनिट जीआर वन को मलाया में भेजा गया था। जब जापानी सेना ने पर्ल हार्बर पर आक्रमण किया था, तो वे उन साठ हजार सैनिकों में शामिल थे, जिन्होंने जापानी सेना के समक्ष आत्मसमर्पण किया था। उन्हें जापानी फौज ने जनरल मोहन सिंह को सौंपा था जिनके माथे पर आईएनए के गठन का सेहरा बंधा है। राम सिंह उन पहले कुछ सैनिकों में शामिल थे, जिन्होंने आईएनए में अपनी सेवाएं देने की सहमति दी थी। जनरल मोहन सिंह ने राम सिंह को आईएनए बैंड का संचालन करने की हरी झंडी दिखाई थी। उस वक्त एक सिंफनी ऑरकैस्ट्रा हुआ करता था, जिसे एक प्रसिद्ध जर्मन संगीतकार कंडक्ट किया करते थे। राम सिंह को ऑरकैस्ट्रा में शामिल करने की सहमति उस जर्मन अरैंजर ने ही दी थी ताकि पाश्चात्य संगीत के ज्ञान में सुधार हो सके। राम सिंह आईएनए बैंड के संगीत सम्मेलनों और कार्यक्रमों में भाग लेते रहते थे। मैंने खुद उन्हें अनेक अंतरराष्ट्रीय ख्याति प्राप्त संगीतकारों के संगीत का निष्पादन करते हुए देखा था। इनमें बीथोवन, स्कूवर्ड और अन्य जाने-माने संगीतकार शामिल थे। मुझे ऑरकैस्ट्रा के संचालकों से भेंट करने का मौका मिला जिनका यह मानना था कि अगर राम सिंह को छोटी उम्र में ही संगीत का प्रशिक्षण मिल जाता तो उनका नाम विश्व के कुछ महान संगीतकारों में शुमार होता। इससे इस पूर्वाग्रह को समाप्त करने में मदद मिलेगी, जिसके चलते यह भ्रम फैलाया गया कि एक गोरखा सिपाही संगीतकार नहीं हो सकता। इससे एक ख़ास समुदाय के प्रति द्वेष भावना का पता चलता है।'

'राष्ट्रगान के बारे में यह कहना चाहती हूं कि जब तक नेता जी सिंगापुर नहीं आए थे, तब तक मिलिट्री एवं सिविल आयोजनों में वन्दे मात्रम ही

गाया जाता था, लेकिन इसे कभी भी रूहानी ढंग से प्रस्तुत नहीं किया गया था, क्योंकि वन्दे मातरम के गायन और निष्पादन के बारे में किसी को भी सही तरीके से ज्ञान नहीं था। नेता जी जब सिंगापुर आए तो उन्होंने कहा कि बंगाल के विभाजन के वक्त वन्दे मातरम की प्रासंगिकता थी, लेकिन इसे राष्ट्रगान के रूप में कभी भी स्वीकार नहीं किया जा सकता। क्योंकि इसके लिरिक्स यानी शब्द रचना कुछ ऐसी थी, जिससे मुसलमानों को आपत्ति थी। नेता जी के सिंगापुर आने के कुछ दिन बाद महिलाओं की एक सभा हुई जिसमें रानी झांसी रैजिमेंट के गठन का प्रस्ताव पारित किया गया। उस अवसर पर जन-गण-मन प्रस्तुत किया गया था। उसके तुरन्त बाद यानी दूसरे ही दिन सेना, नागरिकों और महिलाओं की एक और सभा हुई, जिसमें नेता जी ने यह कहा कि टैगोर द्वारा रचित गीत जग-गण-मन को ही राष्ट्रगान के रूप में अपनाना उचित रहेगा। लेकिन दो चीजें बदलनी होंगी। गीत में संस्कृतनिष्ठ शब्दों का सरल हिन्दुस्तानी भाषा में अनुवाद करना होगा और इसकी धुन अत्यंत प्रभावशाली, प्रेरणादायक और मार्शल होनी चाहिए। इसके लिए एक समिति का गठन किया गया और एक सप्ताह के भीतर इसके परिणाम लाने का निर्णय हुआ। राम सिंह और उनके ग्रुप को जन-गण-मन का संगीत तैयार करने का दायित्व सौंपा गया। राम सिंह के नेतृत्व में आईएनए बैंड ने एक सप्ताह के भीतर जन-गण-मन के संगीत की धुन तैयार कर ली और नेता जी ने उसे सहर्ष अपनी स्वीकृति प्रदान कर दी।

राम सिंह ने जन-गण-मन के जिस म्यूजिकल स्कोर को तैयार किया था, उसे जर्मनी भेजा गया, जहां उसे फुल मिलिट्री ऑरकैस्ट्रा के साथ प्रस्तुत किया गया था। यह संगीत की अविस्मरणीय व ऐतिहासिक धुन साबित हुई। जो राम सिंह के मौलिक सृजन यानी कम्पोज़ीशन पर आधारित था। यह सूचना, मुझे विश्वास है, कि राम सिंह के योगदान के बारे में पूर्वाग्रहों व विवादों पर पूर्णविराम लगाने में सहायक होगी। अंत में मैं टैगोर के प्रति उग्र व अत्याधिक उत्साही राष्ट्रवादी बंगाल के लोगों से यह कहना चाहूंगी कि ना तो रवींद्र नाथ टैगोर ना ही नेता जी बंगालियों की एक्सक्लयूसिव प्रोपर्टी थे। वे सभी भारतीयों के थे और शान्ति प्रिय लोगों के थे।

पॉयनिर अखबार के इसी पृष्ठ पर संपादक के नाम पत्र कॉलम में लखनऊ से एक बीएन चटर्जी का पत्र भी छपा है जिसमें वे लिखते हैं,

'मैं 14 फरवरी 1997 को छपे लेख के बारे में कुछ तथ्यों की और आपका ध्यान यानी संपादक का ध्यान आकृष्ठ करना चाहता हूं। आईएनए के सिपाही रामसिंह मेरे करीबी दोस्त थे जब मैं पहली बार लखनऊ में उनसे मिला था। उस जमाने में वे पीएसी के बैंड मास्टर थे। 1951 अथवा 1952 में राम सिंह ने मुझे बताया था कि उन्होंने आईएनए के राष्ट्रगान 'शुभ सुख चैन की बरखा बरसे भारत नाम है जागा' की धुन तैयार की थी, यह धुन एक मार्शल धुन थी जिसमें 120 शब्दों का गायन एक मिनट में करना होता है। यह मार्च पास्ट का नियम है। इसी नियम के आधार पर उन्होंने 'कदम-कदम बढ़ाए जा खुशी के गीत गाए जा' की भी रचना की थी। उस जमाने में टैगोर का गीत जन-गण-मन का अभ्यास धीमी गति में किया जा रहा था। यह सही है कि जिस राष्ट्र गान को 1947 में पहली बार राम सिंह ने लाल किले पर प्रस्तुत किया था, उसकी संगीत रचना राम सिंह ने कम समय में की थी जिसे अन्ततः राष्ट्रगान की धुन के रूप में अपना लिया गया।'

जिन दिनों राष्ट्रगान के संगीत को लेकर विवाद छिड़ा हुआ था तो कैप्टन राम सिंह ने आक्रोश में आकर तत्कालीन राष्ट्रपति शंकर दयाल शर्मा को पत्र लिखकर अपना विरोध दर्ज किया था। राम सिंह ठाकुर का कहना था कि राष्ट्रगान के संगीत को तैयार करने में उनके योगदान को इसलिए नकारा गया क्योंकि वे एक गोरखा समुदाय से संबंध रखते थे। यानी वे भारतीय मूल के न होकर शायद बाहरी थे। उनके अनुसार, 'ये लोग इस भ्रम में जीते हैं कि गोरखा सिपाही केवल सीमाओं की रक्षा ही कर सकते हैं उनके जैसा कोई भी गोरखा बैण्डमास्टर संगीत तैयार नहीं कर सकता। राष्ट्रगान धुन के अलावा जिस गीत ने कैप्टन राम सिंह को ख्याति प्रदान की उसके बोल हैं 'कदम से कदम बढ़ाए जा, खुशी के गीत गाए जा, ये जिन्दगी है कौम की, इसे कौम पर लुटाए जा।' जाहिरा तौर पर राष्ट्रभक्ति से ओतप्रोत इस गीत ने आईएनए के जवानों में नए-जोश का संचार किया और उनके अदम्य साहस के बल पर आईएनए ने ब्रितानी सेना से टक्कर ली।

राष्ट्रगान को लेकर और भी विवाद बने रहे हैं। 1911 में इंग्लैण्ड से जॉर्ज-पंचम भारत आए थे और उनकी शान और प्रशंसा में टैगोर ने 'जन-गण-मन' गीत लिखा व गाया था। लेकिन 19 मार्च 1939 को लिखे एक पत्र में टैगोर ने स्पष्ट किया है कि 'मैं स्वयं को अपमानित समझूंगा अगर मैं उन लोगों के

प्रश्नों का उत्तर दूं जो मुझे जॉर्ज पंचम की प्रशंसा में यह गीत गाने का ग़लत श्रेय देते हैं।' लेकिन टैगोर की काव्य यात्रा का गहराई से परख रखने वाले 'राइटर्स' न्यूज एजेंसी के पत्रकार और लेखक टैगोर के विरुद्ध टिप्पणियां करने से कतई नहीं चूके। यूं भी राइटर्स न्यूज एजेंसी की स्थापना व संचालन इग्लैण्ड में ही आरंभ हुआ था।

टैगोर ने 'जन-गण-मन' की रचना ब्रिटिश किंग जॉर्ज पंचम और महारानी मेरी की दिसम्बर 1911 में भारत की यात्रा के वक्त की थी। यह कविता भारत माता के प्रति लगाव, प्रेम या भक्ति का संकेत कतई नहीं देती। 'अधिनायक' शब्द पर आपत्ति जायज़ सी प्रतीत होती है। 'जन-गण-मन अधिनायक जय हे', भारत भाग्य विधाता... में अधिनायक शब्द का प्रयोग क्यों हुआ। 'इसे लेकर अनेक राष्ट्रभक्तों को आपत्ति रही। अधिनायक का अंग्रेजी अनुवाद 'लार्ड या रूलर' है। यानी शासक। यानी जब यह कविता जॉर्ज पंचम के स्वागत में टैगोर ने प्रस्तुत की थी तो इसका अर्थ यह निकाला गया कि टैगोर भारत में ब्रितानी हुकूमत के 'लार्ड या रूलर' की तारीफ कर रहे हैं। 1911 में भारत की तकदीर को तय करने वाला कौन था? स्पष्ट है ब्रिटिश हुकूमत के अलावा दूसरा नहीं हो सकता, क्योंकि 1911 में भारत में उसी का राज़ था।

यह गीत कांग्रेस पार्टी की दिसम्बर 1911 में हुए कलकत्ता अधिवेशन के दूसरे दिन गाया गया था। यह सम्मेलन किंग जार्ज पंचम के प्रति लॉयल बैलकम यानी 'निष्ठा स्वागत' में प्रस्तुत किया गया था। 1905 में जार्ज-पंचम द्वारा बंगाल का विभाजन किया गया था। अत: उनका धन्यवाद ज्ञापित करने के लिए यह गीत प्रस्तुत किया गया था। 'कलकत्ता कॉन्फ्रेंस' जिसमें टैगोर का यह गीत प्रस्तुत किया गया था, के दूसरे दिन के एजेन्डा में विशेष तौर पर जार्ज-पंचम के 'निष्ठा स्वागत' यानी लॉयल बैलकम के लिए समय निर्धारित किया गया था। यही नहीं, गीत प्रस्तुति के उपरान्त सर्वसम्मति से प्रस्ताव पारित किया गया था, जिसमें किंग जार्ज और महारानी मेरी का हार्दिक स्वागत किया गया था। कांग्रेस पार्टी ने उनके प्रति निष्ठा ज़ाहिर की थी।

ऐसा प्रतीत होता है कि 1911 में कांग्रेस पार्टी में भारतवर्ष को अंग्रेज़ी हुकूमत से मुक्त कराने का ज़ज्बा और जोश पैदा नहीं हुए थे और चारण प्रवृति और स्तुतिगान के माध्यम से अंग्रेज़ी शासन को और पुख़्ता किया जा रहा था।

इस कथित आपत्तिजनक तथा शर्मनाक घटनाक्रम के 27 साल बाद 1939 में टैगोर ने स्वयं को राष्ट्रभक्त के रूप में प्रस्तुत करने का प्रयास किया क्योंकि जंगे-ए-आज़ादी की मशाल समूचे भारतवर्ष को रौशन करने लगी थी। ऐसे वक्त में रवीन्द्रनाथ टैगोर जैसे महान कवि, लेखक व विचारक के मन में यह विचार उत्पन्न होना स्वाभाविक था, कि वे एक सच्चे राष्ट्रभक्त हैं और देश के प्रति समर्पित हैं। इन 27 सालों से लगातार टैगोर जॉर्ज-पंचम का गुणगान करने के दंश को झेलते आ रहे थे और अब वे पूरी तरह 'डिनायल मोड' में आ चुके थे। लेकिन घटित इतिहास को तोड़ मरोड़ कर तो प्रस्तुत किया जा सकता है मगर ऐतिहासिक तथ्यों को चाहकर भी छिपाया नहीं जा सकता।

सभी तथ्य यही साबित करते हैं कि मूल 'जन गण मन...'' गीत की रचना ब्रितानी राजा की जीहुजूरी के लिए की गई थी। सन् 1911 में बंगाल राजनीतिक संक्रमण से बाहर निकल कर संभलने का प्रयास कर रहा था। और इसका श्रेय बंगाल के नेतृत्व ने ब्रिटिश राज को दिया था। यह ऐसा वक्त था जब ब्रिटिश हुकूमत ने राजधानी को कलकत्ता से दिल्ली स्थानान्तरित करने का निर्णय लिया था। बंगाल के विभाजन के चौतरफा विरोध का असर यह हुआ था कि जनमानस भारतवर्ष की स्वाधीनता के लिए एकजुट होने लगा था।

यह ख़ेदजनक स्थिति है कि जो गीत करीब 111 सालों का सफर तय कर चुका है और 130 करोड़ भारतवासियों के दिलों में राष्ट्रप्रेम की हिलोरें जागृत करने में सक्षम रहा है, की शुरुआत ब्रितानी राज का गुणगान करने में हुई थी। 27 दिसम्बर 1911 को पहली बार रवीन्द्रनाथ टैगोर की भतीजी सरला देवी चौधरानी ने कुछ स्कूल छात्राओं के साथ यह गीत गाया था। तत्कालीन 'इंडियन नेशनल कांग्रेस' के अध्यक्ष विश्व नारायण डार के समक्ष व अन्य वरिष्ठ कांग्रेसी नेताओं की उपस्थिति में यह गीत प्रस्तुत किया गया था जिनमें बूपेन्द्र नाथ बोस और अंबिका चरण मजूमदार भी शामिल थे।

कांग्रेस अधिवेशन के बाद जनवरी 1912 में टैगोर का यह गीत प्रकाशित रूप में लोगों के सामने आया। यह गीत ब्रह्म समाज की पत्रिका 'तोत्वोबोधिनी' में 'भारत विधाता' शीर्षक से प्रकाशित हुआ था। टैगोर स्वयं इस पत्रिका के संपादक थे। साल 1912 के जनवरी माह के उत्तरार्द्ध में ही माघोत्सव समारोह में इस गीत को पुन: टैगोर के जोरेसनको स्थित अपने पैतृक घर में स्वयं गाया गया था।

राष्ट्रगान से जुड़े अनेक विवाद कभी समाप्त नहीं हुए। उस जमाने में 'जन गण मन' की तुलना बांगला के लेखक व सुधारक बंकिम चन्द्र के एक अत्यन्त लोकप्रिय गीत 'वन्दे मातरम' से की गयी। राष्ट्रभक्ति की प्रेरणा से ओतप्रोत गीत 'वन्दे मातरम' ने समस्त राष्ट्र को एक सूत्र में पिरोने का काम किया और यह गीत जन-जन की जुबान पर चढ़ गया था। मगर यह कम खेदजनक नहीं है कि वर्तमान में वन्दे मातरम् गीत को लेकर भारतवर्ष में जो छीछालेदर हो रही है, विवाद बढ़े हैं, उसने इस गीत की आत्मा और गरिमा को छलनी सा कर दिया है। वन्दे मातरम् को लेकर सियासी ताकतें हमारे देश के विभिन्न समुदायों, सम्प्रदायों को वाक्‌युद्ध यहां तक कि हिंसा में झोंकने पर आमादा हैं। यह अत्यंत दुःखदायक स्थिति है कि जिस वन्दे मातरम् गीत ने ब्रितानवी हुकूमत के खिलाफ भारत की आज़ादी के लिये ज़मीन तैयार की, उसी गीत को राजनीतिक रंग देकर छद्‌म देश भक्ति का राग अलापने के लिए बेजा इस्तेमाल किया जा रहा है। यानी जो लोग अथवा शिक्षण संस्थाएं वन्दे मातरम की प्रस्तुतियां नहीं देंगी, उनकी देशभक्ति की भावना संदेह के कटघरे में होगी। हमारे देश के लिए यह विकट स्थिति हास्यस्पद तो है ही, यह कट्टरवादी विचारधारा की परिचायक भी है।

सन् 1917 में कलकत्ता में पुनः कांग्रेस अधिवेशन सम्पन्न हुआ। यह सम्मेलन थियोसोफिकल सोसाइटी ऑफ इंडिया की संस्थापक ऐनी बेसन्ट की अध्यक्षता में हुआ था। इसमें टैगोर को भी सम्बोधन के लिए आमन्त्रित किया गया था। सरला देवी ने पुनः 'जन-गण-मन' का गायन किया था। इस बार इसे स्वतन्त्रता सेनानियों के लिए प्रेरक गीत के रूप में गाया गया था। इसमें महाराज बहादुर नातोड़ ने भी संगीत प्रस्तुत किया था। और उनकी सहायता के लिए यह गीत प्रस्तुत किया गया था।

साल 1919 में टैगोर आन्ध्रप्रदेश में मदनपाले में स्थित थियोसोफिकल कालेज में आयरलैण्ड के कवि जेमस एच कज़िनस के साथ पांच दिन रहे जो उन दिनों कालेज के प्रधानाचार्य थे। 28 फरवरी 1919 को टैगोर ने स्वयं पहली बार कॉलेज के छात्रों और स्टाफ के समक्ष राष्ट्रगान गाकर प्रस्तुत किया। टैगोर के स्वर में 'जन-गण-मन' की वह प्रथम प्रस्तुति थी। उस वक्त इसे अध्यात्मिक गीत के रूप पेश किया गया था। बांगला भाषा से टैगोर ने स्वयं इस गीत का अनुवाद अंग्रेज़ी भाषा में किया था। फिर जेमस एच कॉजिन्स की

पत्नी मारगरेट ने इसकी सरगम तैयार की और धुन भी बनाई थी। वे पाश्चात्य संगीत में पारंगत थीं, लेकिन उनकी धुन भी वही थी जो आज मौजूद है, कहना मुश्किल है। मारगरेट की म्यूजिक कम्पोज़ीशन के बाद 'जन-गण-मन' हमारे देश की हदों को पार कर अन्तरराष्ट्रीय संगीत प्रेमियों के दिलों में ख़्याति प्राप्त करता चला गया। 14 अगस्त 1947 की मध्यरात्रि इंडियन कान्सट्रीच्यूंट असैम्बली के अधिवेशन का आरम्भ 'वन्दे मातरम' से हुआ और जन-गण-मन से समापन हुआ था। ये कुछ ऐसे ऐतिहासिक तथ्य हैं जिन्हें ना तो झूठलाया जा सकता है और ना ही बदला जा सकता है।

आज़ाद भारत में राष्ट्रगान पर मंथन

15 अगस्त 1947 को भारत को ब्रिटिश उपनिवेशवाद से स्वतंत्र घोषित किया गया था। ज़ाहिर है देश के नियंत्रण की बागडोर भारत के नेताओं को सौंप दी गयी थी। यानी कांग्रेस को जिसके नेताओं ने स्वाधीनता संग्राम में अग्रणी भूमिका अदा की थी।

राष्ट्रगान में इतिहास, परम्परा, सांस्कृतिक विरासत आदि परिलक्षित होते हैं। ये विविधता में एकता का प्रतीक तो है ही, सभी देशवासियों को एकजुट करने और भावनात्मक रूप से माला में फूलों की तरह पिरोए रखने को महत्वपूर्ण भूमिका का परिचायक भी है। आज़ादी मिलने के बाद भी स्वतंत्र भारत की सरकार को राष्ट्रगान की रचना, धुन व संगीत को तय करने में लम्बा वक्त लगा। एक तो यह कि राष्ट्रगान के स्वरूप को अंतिम रूप देने में एक व्यक्ति यानी प्रधानमंत्री की सहमति के ख़ास मायने नहीं थे। भारत में गणतंत्र का उदय हो चुका था। लोकतांत्रिक व्यवस्था के अंतर्गत भारत की संविधान सभा ही राष्ट्रगान को अपनाने और उसे अंतिम रूप देने का निर्णय बहुमत से ले सकती थी। 26 जनवरी 1950 को भारत को गणराज्य घोषित किया गया। यानी 15 अगस्त 1947 से लेकर 26 जनवरी 1950 तक 2 साल 4 महीने 10 दिन तक संविधान के निर्माण पर मंथन होता रहा और राष्ट्रगान पर भी मंत्रणा जारी रही। अतः सविधान सभा द्वारा 24 जनवरी 1950 को अर्थात गणराज्य की स्थापना से दो दिन पूर्व जन-गण-मन के हिन्दी संस्करण को राष्ट्रगान के रूप में अपनाया गया था। एक अधिनियम के तहत संविधान सभा द्वारा इसे पारित किया गया था। मूल रूप से बांगला में रचे गये राष्ट्रगान

का परिष्कृत व संपादित रूप 52 सेकेण्ड में देश के सामने आया यद्यपि मूल बांगला गीत काफी लम्बा था।

सन् 1911 में भारत की राजधानी बंगाल हुआ करती थी। यानी कलकत्ता और आज का कोलकत्ता। 1905 में बंगाल विभाजन हुआ था। यानी पूर्वी बंगाल और पश्चिमी बंगाल। आम जनता व आंदोलनकारियों ने विभाजन का विरोध किया। तब अंग्रेज़ों ने कलकत्ता से अपनी राजधानी को दिल्ली स्थानांतिरत कर दिया था। धीरे-धीरे भारतीयों के दिलों में स्वतंत्रता की भावना जाग्रत होने लगी थी। तभी कलकत्ता के एक कोने में एक गीत 'जन गण मन अद्धिनायक जय हो' का जन्म हुआ। जब पहली बार 27 दिसंबर 1911 को कलकत्ता में भारतीय राष्ट्रीय कांग्रेस के वार्षिक सम्मेलन के दूसरे दिन यह गीत गाया गया था तो टैगोर की भतीजी सरला देवी चौधरानी ने कुछ स्कूली छात्रों के साथ इस गीत को अपना स्वर दिया था। राष्ट्रगान के मूल बांगला गीत की यह प्रथम प्रस्तुति कांग्रेस अध्यक्ष विशन नारायला दर, भूपेंद्र नाथ बोस, अंबिक चरण मजूमदार जैसे नेताओं के समक्ष दी गयी थी।

इतिहास साक्षी है कि जब 1911 में जब कलकत्ता से दिल्ली को ब्रतानी हुकूमत की राजधानी को बदला जा रहा था तब कलकत्ता में दिल्ली दरबार को आयोजन किया गया था। इसमें इंग्लैंड के राजा जार्ज पंचम को आमंत्रित किया गया था। टैगोर को उनके स्वागत में एक गीत लिखने को न्यौता दिया गया था। उस ज़माने में टैगोर परिवार के कई लोग ईस्ट इंडिया कंपनी में काम करते थे। उन्होंने इसे कविता के रूप में लिखा था।

'आमार सोनार बांगला' बांगला देश का राष्ट्रगान है जिसकी रचना भी टैगोर ने ही की थी। वे दुनिया के पहले ऐसे कवि बने जिन्होंने दो देशों के लिये राष्ट्रगान की रचना की। 'हेल विलहेलमस' दुनिया का सबसे पुराना डच राष्ट्रगान है जिसे 1574 में लिखा गया था।

सन् 1911 से लेकर 1947 तक अनेक विवादों को जन्म देने वाले जन-गण-मन की यात्रा 1947 के बाद भी सहज नहीं रही। इसे अनेक प्रकार की अग्निपरोक्षओं से गुजरना पड़ा। 25 अगस्त 1948 को तत्कालीन प्रधानमंत्री पंडित जवाहर लाल नैहरू ने राष्ट्रगान को लेकर संविधान सभा के समक्ष एक वकत्व्य दिया था। इसके अनुसार, 'आर्केस्ट्रा और बैंड पर राष्ट्रगान धुन को बजाने व पस्तुत करने का मुद्दा 15 अगस्त 1947 के बाद हमारे लिये अत्यंत

महत्वपूर्ण हो गया था। यह सैन्य सेवाओं, विदेशी दूतावास, लीगेशन्स और अन्य प्रतिष्ठानों की दृष्टि से भी महत्वपूर्ण था। स्वाधीनता के बाद यह कतई संभव नहीं था कि भारतीय आर्मी ब्रैंड ब्रतानी हुकूमत के दौरान बजाई गयीं 'गांड सेव द किंग' जैसी धुनों को प्रस्तुत किया जाए। हमें बार-बार यह पूछा जा रहा था कि ऐसे मौकों पर कौन सी धुन प्रस्तुत की जानी चाहिए। इसका कोई भी उत्तर हमारे पास नहीं था क्योंकि इसका निर्णय अंततः संविधान सभा को करना था।'

नैहरू ने अपने लम्बे वक्तव्य में कहा था, 'दक्षिण पूर्व एशिया में आईएनए ने मामूली सी फेरबदल के बाद जन-गण-मन की धुन को अपना लिया था और आज़ादी से पूर्व इसके भारत में भी लोकप्रियता हासिल कर ली थी। राष्ट्रगान धुन का मुद्दा 1947 में न्यूयार्क में राष्ट्र संघ की आम सभा यानी जनरल एसैम्बली के सामने भी आया। हमारे शिष्टमंडल को एक विशेष मौके पर नैशनल एन्थम बजाने के लिये कहा गया।

अब चूंकि आज़ादी के तुरंत बाद हमारा कोई राष्ट्रगान नहीं था तो शिष्टमंडल के लिये यह विकट स्थिति पैदा हो गयी। आनन-फानन में एक नायाब तरीका खोजा गया। संयोगवश शिष्टमंडल के पास आईएनए के जन-गण-मन का एक ग्रामोफोन रिकार्ड उपलब्ध था जिसे अभ्यास करने के लिये आर्केस्ट्रा ग्रुप को दिया गया। जब आर्केस्ट्रा ग्रुप ने विशाल जनसमूह के समक्ष जन-गण-मन को ग्रामोफोन रिकार्ड के आधार पर बजाया तो इसकी उपस्थित जनसमूह ने भूरि-भूरि प्रशंसा की। अनेक राष्ट्रों के प्रतिनिधियों ने राय ज़ाहिर की उन्हें जन-गण-मन का म्यूज़िकल स्कोर बेहद पसंद और विशिष्टता लिये हुए है। इसका यह असर हुआ कि कैप्टन राम सिंह ठाकुर ने आईएनए के कौमी तराने के लिये जो धुन तैयार की थी उसकी राष्ट्र संघ में असंख्य राष्ट्रों के प्रतिनिधियों ने प्रशंसा की और उसे भारत की संविधान सभा के अनुमोदन या स्वीकृति से पूर्ण ही पारित कर दिया। चंद माह पूर्व स्वतंत्र हुए भारत के लिये वह सचमुच गौरवपूर्ण क्षण रहे होंगे। राष्ट्रसंघ में जन-गण-मन की आर्केस्ट्रा प्रस्तुति को वहीं पर रिकार्ड किया गया और उसे भारत भेजा गया। इस प्रकरण से एक नये युग का सूत्रपात हुआ। भारतीय सेना के बैंड पर और विदेशों में भारतीय दूतावासों में जन-गण-मन की धुन का अस्थायी रूप से अभ्यास होने लगा।

नेहरू के मुताबिक, 'इस बीच भारत व इसका विदेशों में 1947 से 1950 के मध्य अनेक महान संगीतकारों ने कैप्टन रामसिंह की धुन का मामूली फेरबदल से बार-बार अभ्यास किया, जिससे यह उत्तरोत्तर लोकप्रिय होती चली गयी। इसका परिणाम यह हुआ कि आल इंडिया रेडियों ने जन-गण-मन की अनेक प्रस्तुतियों का संग्रहण किया और ये आकाशवाणी के आर्काइव का हिस्सा बनती गयीं।

पंडित नैहरू का मानना था कि जन-गण-मन को आज़ाद हिन्द फौज ने सिंगापुर में 1941 को अपना लिया था और वन्दे मातरम की तुलना में यह श्रेष्ठ गान था जिसकी 1947 के बाद भारत व विदेशों में लोकप्रियता बढ़ने लगी थी। यही कारण था कि संविधान सभा ने भी अंतत: लंबी व जटिल प्रक्रिया के बाद जन-गण-मन की शब्द रचना व राम सिंह की धुन व संगीत को सहमति प्रदान की थी।

'जन-गण-मन की आम प्रशंसा व स्वागत देशभर में हो रहा था। हमारे पास कोई विकल्प नहीं था। क्योंकि भारत के पास कोई किसी अन्य गीत की सही व सधी हुई ऐसी धुन नहीं थी जिसे हम तुरंत अपना सकें। ऐसे वक्त में मैंने सभी प्रोविंशियल गवनर्स को पत्र लिखा तथा उन्हें जन-गण-मन को नैशनल एन्थम के रूप में अपनाने पर अपनी राय ज़ाहिर करने का आग्रह किया। मैंने उन्हें सलाह दी कि वे अपने-अपने प्रांत के प्रीमियरों से भी इस बाबत सलाह मश्विरा कर लें। मगर अंतिम फैसले का जिम्मा संविधान सभा पर ही होगा। इस मुद्दे की तात्कालिक अनिवार्यता के दृष्टिगत यह अनुभव किया गया कि सेना व दूतावासों को ध्यान में रखते हुए अस्थायी तौर पर राष्ट्रान के बारे में निर्णय लेना आवश्यक है। अस्थायी राज्यपालों की हुकूमत के सभी-प्रांतों (केंद्रीय पांत को छोड़कर) सभी ने जन-गण-मन को अपनाने की सहमति प्रदान की। अत: मंत्रिमंडल ने भी अस्थायी तौर पर राष्ट्रगान को हरी झंडी दिखा दी।

यह स्पष्ट था कि राष्ट्रगान के अंतिम व स्वीकृत किए जाने वाले संस्करण के लिये उसकी शब्द रचना में परिवर्तन आवश्यक था। लेकिन महत्वपूर्ण यह था कि बैंड और आर्केस्ट्रा पर बजाई जाने वाली धुन करोड़ों भारतवासियों के दिलों को झंकृत कर दे। यानी शब्द रचना की बजाय जोर धुन पर था और उसे बार-बार अभ्यास कर फॉस्ट किया जा रहा था। इसी बीच एक घटना यह घटी

कि पश्चिमी बंगाल की प्रीमियर ने कहा कि उनकी सरकार जन-गण-मन के स्थान पर वंदे मातरम को प्राथमिकता देने की इच्छुक है। यह उस वक्त की स्थिति थी। लेकिन यह मांग दुर्भागयपूर्ण थी।

वंदे मात्रम और जन-गण-मन के मध्य वाद विवाद की जंग सी छिड़ गयी थी। यह सही है कि वंदे मात्रम की ऐतिहासिक परम्परा रही है और भारत की आज़ादी में जनमानस में जोशो-जुनुन भरने में इस गीत ने अत्यंत अहम भूमिका अदा की है। लेकिन इसे राष्ट्रगान की बुलंदी प्रदान करना कठिन था चूंकि एक तो इसकी शब्दरचना के साथ विवाद जुड़े थे। दूसरे आर्मी बैंड पर या आर्केस्ट्रा पर इसे सरलता या सहजता से प्रस्तुत नहीं किया जा सकता था। राष्ट्रगान की पृष्ठभूमि या नेपथ्य में मूल भावना यह रहती है कि उसकी धुन और शब्द रचना आम आदमी के मन-मस्तिष्क में ताउम्र के लिये रच बस जाए। यह क्षमता जन-गण-मन में ही थी नाकि वंदे मातरम में। संविधान सभा में अनेकों बार राष्ट्रगान पर मंत्रणा व मंथन होता रहा। यही वजह थी कि इस मुद्दे पर निर्णय तक पहुंचने में दो साल से ज़्यादा का वक्त लग गया। सभा का मत था कि आज़ाद भारत के कौमी तराने में भारतीय व पश्चिमी आर्केस्ट्रा संगीत की झलक मिलनी चाहिए। परिणामस्वरूप यह सपना साकार हुआ।

आज हम राष्ट्रगान को जब आर्केस्ट्रा पर सुनते हैं तो उसका समूचा संगीत हमें रोमांच से भर देता है। संविधान सभा का यह भी विचार था कि भारत के भीतर तो राष्ट्रगान लोक्रप्रिय हो ही, विदेशों में भी खूब मकबूलियत हासिल करे। चूंकि जब जन-गण-मन को सुभाष चन्द्र बोस ने कौमी तराना के रूप में राम सिंह से तैयार ज़रवाया था तो यह धुन सिंगापुर, जापान, जर्मनी, इंग्लैंड सहित अनेक देशों में सराही गयी थी। इसमें जीवन, लय, गति का अदभुत समावेश था। वंदे मात्रम को पाश्चात्य संगीत यानी आर्केस्ट्रा पर प्रस्तुत करना मुश्किल था। यूं भी बंकिमचन्द्र की इस रचना में संस्कृतनिष्ठ व तत्सम शब्दों की भरमार थी। भरमार क्या, मूल रचना बांगला में होते हुए भी संस्कृत भाषा का दबाब इसकी शब्द रचना में बहुलता से देखा जा सकता है जो आमजन की सीधी सपाट समझ से दूर प्रतीत होती है। अंततः संविधान सभा ने 24 जनवरी 1950 को एकमत से राष्ट्रगान को पारित कर दिया।

एक मनमोहक मुद्रा में

पीएसी बैंड का संचालन करते हुए

वर्ष 1981 में जापान से नेताजी सुभाष चन्द्र बोस की कुर्सी के आगमन पर लाल किले में एक सम्मान समारोह के दौरान कैप्टन राम सिंह राष्ट्रगान, कदम-से-कदम बढ़ाए जा... गीत प्रस्तुत करते हुए

आईएनए की रूह और बुलन्दी में राम सिह का संगीत

–डॉ. हरिदेव शर्मा

हरि देव शर्मा : राम सिंह जी आप आज़ाद हिन्द फौज में जाने से पहले किस पलटन में थे और आप किस हालत में आज़ाद हिन्द फौज में गए, इसके बारे में बताइए?

कैप्टन राम सिंह ठाकुर : शर्मा जी पहले मैं सेकन्ड फर्स्ट गोरखा पलटन, धर्मशाला, में भर्ती हुआ। मैंने वहीं मिलिट्री ट्रेनिंग पाई। मैंने वहीं बैण्ड बजाने का काम भी सीखा। मुझे इसका बहुत शौक था। उसके बाद मैं हवलदार मेजर के रैंक तक पहुंचा। जब द्वितीय महायुद्ध हुआ तो हम लोग सितम्बर 1941 में सिकंदराबाद से रवाना हुए। बारह दिन के बाद हम लोग मलाया पहुंचे। मलाया पहुंचने के बाद वहां हम लोग जंगल 'वारफेयर' की ट्रेनिंग लेते रहे। जब 8 दिसंबर 1941 को जापान ने अमेरिका के विरुद्ध लड़ाई घोषित कर दी तो हम लोग इप्पो से आगे जिवा फ्रंट में लड़ाई के लिए गए। हम 9 तारीख को आलोरस्टार पहुंचे। और उसी शाम हम लोग जिवा फ्रंट पहुंचे। ग्यारह तारीख तक हम लोगों की जापानियों के साथ बहुत घमासान लड़ाई हुई। उसके बाद हमारी बटालियन बपनी ब्रिगेड से बिल्कुल 'कट–ऑफ' हो गई। जापानियों का हमला हम पर बहुत जोरों का रहा, लेकिन फिर भी हम लोगों ने उनके साथ बहुत मुकाबला किया। यहां तक कि भुजाली, खुखरी जिसको कहते हैं, से भी उनका सामना करना पड़ा और किया गया। हमारे तमाम बटालियन हेडक्वार्टर उजड़ जाने के बाद, रात को एक बजे जब मैं गटेऊ–चग से बाहर निकला तो देखा कि मेरे जो तमाम साथी थे वे बेचारे मरे हुए पड़े थे। मैं उनके ऊपर से चलते हुए जंगल की ओर गया और तीन–चार दिन तक जंगल में भटकता रहा, मुझे रास्ता नहीं मिला। फिर कुछ साथी और मिले तो एक हफ्ता

मैं जंगल में भूखा रहा। मेरे पास खाने-पीने का कुछ साधन नहीं था। एक हफ्ते के बाद बड़ी मुश्किल से हम लोग आलोरस्टार के बाजार में पहुंचे, तब तक वर्दी बगैरह सब चीथड़ी हो गई थी। फिर हमने वहीं की सिविल ड्रेस पहन ली। बाद में जापानियों ने हम लोगों को पकड़ लिया, उन्होंने पहचान लिया कि ये फौज के लोग हैं। उसके बाद हम लोग कैदी के रूप में रहे।

15 फरवरी 1942 को जब सिंगापुर फाल हुआ तो उसके बाद वहां आईएनए की एक लहर शुरू हुई। कैप्टन मोहन सिंह जो वहां मौजूद थे उन्होंने आईएनए की बात उठाई और रासबिहारी बोसजी जापान से सिंगापुर आए। उनके नेतृत्व में यहां आज़ाद हिन्द फौज की एक लहर उठी। उसमें हम लोग भी बड़ी खुशी से शरीक हुए। हमारे जो बड़े-बड़े अफसर थे जैसे जनरल जेके भोंसले, जनरल शाहनवाज खां साहब, लोकानादन साहब, एम जैड किशानों, यानी वहां हमारे जितने भी हिन्दुस्तानी फौजी थे, सब आज़ाद हिन्द फौज में आ गए। आज़ाद हिन्द फौज में आने के बाद कुछ ऐसा हुआ कि हमारी ताकत बढ़ने लगी और वह जापानियों को खुशगवार नहीं थी, तो कुछ आपस में झगड़ा-फसाद जैसा हुआ। फिर आईएनए डिसबैन होने की बात हुई।

जनरल मोहन सिंह साहब को कैद कर लिया गया। फिर हम लोग बड़े चिंतित हुए, लेकिन रासबिहारी बोसजी ने हम लोगों को समझाया कि ऐसी कोई बात नहीं है, यह गलती हो गई है। हम लोगों को अपने देश के लिए काम करना है। तो फिर एक लहर और उठी जिसमें हम सब लोगों ने मिलकर आज़ाद हिन्द फौज की बुनियाद को इंडियन इंडिपेन्डेंस लीग के रूप में पुनः स्थापित करके रासबिहारी बोस के अंडर कमान में हम लोग काम करते रहे। फिर बाद में जब 2 जुलाई 1943 को नेताजी सिंगापुर आए तो रासबिहारी बोसजी ने उनको सारा भार सौंप दिया। यह सब कार्यक्रम सिंगापुर के कैथे बिल्डिंग में हुआ। उस वक्त मैं वहीं था। हम लोगों ने भी उनका स्वागत किया। हमारा आर्केस्ट्रा था, उसको हम आज़ाद हिन्द रेडियो स्टेशन स्योनान कहते थे। हमारे जितने लोग थे उन सबने मिलकर नेताजी के स्वागत में गीत गाए-

सुभाषजी, सुभाषजी,
वह जाने हिन्द आ गए।
है नाज जिस पर हिन्द को,
वह शाने हिन्द आ गए।

उसके बाद फिर नेताजी ने हम लोगों को आशीर्वाद दिया और कहा कि अब हम लोगों को मुल्क की ओर जाना है, देर करने की कोई जरूरत नहीं। जो बहुत जल्दी से, बहुत सरगर्मी से फौज तैयार हुई और तमाम फण्ड बगैरह तैयार हुए। आज़ाद हिन्द बैंक भी बना और ब्रिगेडों के नाम बने: सुभाष ब्रिगेड, नेहरू ब्रिगेड, आज़ाद ब्रिगेड इस तरह से ब्रिगेडों के नाम थे।

हम लोगों को जो भी काम सिखाया जाता था वह सब हम लोग करते थे। यह सब हम देश प्रेम के लिए करते थे, कि हमको देश के लिए यह सब करना है, मर मिटना है। हम लोगों को भूखे, प्यासे, सख्त-से-सख्त तकलीफें सहन करके अपनी मातृभूमि के लिए कुर्बानी देनी होगी और 38 करोड़ की आज़ादी के लिए मर मिटना होगा, यह नेताजी की वाणी थी और वह हमारे हृदय में, सबके हृदय में रम-झम गई थी। हम लोगों में जाति-पाति का कोई भेद-भाव नहीं था। हम लोग अपने आपको हिन्दुस्तानी समझते थे और एक मां के बच्चे की तरह समझते थे, इतना अच्छा हमारा जीवन था। हम एक-दूसरे से बड़ी अच्छी तरह से मिलजुल कर रहते थे। जब हमारी फौज आगे जाने के लिए बढ़ी...।

इक्कतीस अक्तूबर 1943 को आज़ाद हिन्द की आरजी हुकूमत बनी थी। उनमें हरेक ने अपना-अपना कार्यभार सम्भाला और कसम ली कि मुल्क के लिए हम लोगों को क्या करना चाहिए।

मैंने उस दिन नेताजी को कसम लेते हुए देखा है। उन्होंनें परमात्मा की तरफ हाथ जोड़कर कहा कि मैं यह सब आपकी कृपा से कर रहा हूँ... उनका गला इतना भरा हुआ था और आंखों से इतने आंसू गिरने लगे थे कि वह बड़ी मुश्किल से कह पाए थे...आप मुझे आशीर्वाद दीजिए ताकि मैं अपने मुल्क के लिए, अपने भारत के लिए आखिरी दम तक लड़ सकूं और आखिरी खून की बूंद भी अपने देश के लिए दूं। छोटी-बड़ी हर जाति को एक नज़र से देखूं,। इस तरह से उन्होंने प्रार्थना करके भगवान की प्रतिमा के सामने कसम ली। उसके बाद कौमी-तराना, राष्ट्रीय गान 'जन-गण-मन' का हिन्दी में तरजुमा किया गया था। मेजर आबिद हुसैन साहब नेताजी के प्राइवेट सेक्रेटरी ने इसको बनाया था। इसकी धुन बनाने के लिए नेताजी से मुझे प्रेरणा मिली। उन्होंने कहा कि राम सिंह इसकी धुन इस तरह से बनानी है और यह धुन इतनी सुन्दर और इतनी जोशदार बनानी है कि सब लोग जब

इसे गाएं तो हममें एकदम जोश आ जाए और हमारे दिलों में, रग-रग में इस धुन का हर शब्द समा जाए। तो हमने इस धुन पर परेड की कि कैसे हमको गाना चाहिए। एक हफ्ते तक तो हम लोग बीदादरी कैंप में इस धुन पर ताल के साथ परेड करते रहे। हमारे वहां जितने अफसर थे जनरल शाहनवाज खां साहब, महबूब साहब सभी लोगों की बीदादरी में ट्रेनिंग हुई। जिस दिन हमारी सरकार बनी थी उस दिन यह गाया गया। बड़ा आनंद आया।

नेताजी ने मुझे इस गीत के विषय में, यह धुन बनने से पहले कहा था कि राम सिंह, कैथे बिल्डिंग में हमारी आरजी हुकूमत बनेगी और जिस वक्त हम लोगों की आरजी हुकूमत बने और हम लोग 'शुभ सुख चैन की बरखा बरसे गाए' उस वक्त इतने जोश के साथ हृदय से इसकी आवाज आनी चाहिए कि कैथे बिल्डिंग फट जाए, इसके दो टुकड़े हो जाएं, और आकाश नजर आने लगे। आकाश से देवी-देवता फूल बरसाएं और वे फूल सीधे तिरंगे झण्डे पर गिरें। और जय हो, जय हो की गूंज भारत तक पहुंचनी चाहिए। तो इस किस्म की धुन होनी चाहिए, इस तरह से हम गाएं। इस तरह से उन्होंने हमको ट्रेनिंग दी। इसके बाद हुकूमत बनी और उसके बाद हर बटालियन में इस गीत की ट्रेनिंग दी जाती थी।

हफ्ते में एक बार शाम को हर बटालियन में इस प्रकार के ड्रामे भी किए जाते थे कि हम लोगों को देश के लिए क्या करना है। हमें रास्ते में कैसी मुसीबतें आएंगी, क्या-क्या होगा, प्राणों का बलिदान देना होगा, और इन सब मुसीबतों को हम अपनी मां के लिए, अपनी भारत माता के लिए कितनी खुशी से हंसते हुए सहेंगे और मरते समय भी हंसेंगे। तो इस तरह से नेताजी ने हम लोगों को वहां आशीर्वाद दिया। वह बहुत अच्छा मार्गदर्शन देते थे।

आज़ाद हिन्द फौज के लिए सबसे मुख्य मुद्दा अपनी मातृभूमि को ग़ुलामी से मुक्त कराना था। इसमें हम लोग बड़ी खुशी-खुशी आए और रहे। हम लोग मुसीबत का नामों-निशान नहीं जानते थे कि मुसीबत कहते किसे हैं, भूख कहते किसे हैं, न भूख की फिक्र, न प्यास की, न मुसीबत की, हमें कोई चिंता नहीं थी। बस यही धुन थी कि कब हम अपने मुल्क पहुंचें और कब हमारा देश आज़ाद हो और यह आज़ाद होकर रहेगा। नेताजी इस बात पर बड़ा जोर देते थे कि हमारा देश आज़ाद होकर ही रहेगा। वह कहते थे कि हमारे भारतवर्ष ने बड़ी कुर्बानी दी है। अब समय आ गया है कि माँ,

बहनें, बच्चे तथा जवान सबको मुल्क की आज़ादी के लिए जाना है। आपने सुना होगा कि रानी झांसी रेजीमेंट भी था। वह भी सिपाही के सही रूप के मुताबिक थी। बाल सेना थी, बाल सेना में भी देश के लिए वही जोश और त्याग था जो जवानों में था। इस तरह से आईएनए का संगठन हुआ है और हम लोग उसमें शामिल हुए।

शर्मा : वहां नेताजी की अपील पर जो धन इकट्ठा हुआ उसके बारे में आपको कुछ याद है कि लोगों का इस तरफ क्या रूख था?

राम सिंह : नेताजी ने सिंगापुर में आते ही मीटिंग में पहली दफा कहा कि मुझे तीन करोड़ रुपए की जरूरत है। उससे हम कपड़े बनाएंगे, अस्पताल खोलेंगे, दवाईयां लेंगे, हथियार खरीदेंगे परन्तु हम जापानी सरकार से यह नहीं कहेंगे कि हमारी कुछ मदद करो, हमको अपने बाहुबल पर खुद खड़ा होना है। पूर्व एशिया में हमारे जितने भाई यहां पहले से आए हैं उनका यहां बहुत अच्छा कारोबार चल रहा है, उनके पास धन है, तो वह धन वे आज अपनी मातृभूमि के लिए दें। तो बड़ी खुशी के साथ आदमियों ने नेताजी के आगे धन रखा। माताओं, बहनों ने अपने हाथों से जितने सोने के ज़ेवरात थे, उनको उतार कर उनके आगे ढेर लगा दिए। नेताजी को जो फूलों की मालाएं पहनाई गई थी उनकी नीलामी होने लगी। नीलामी में एक लाख से लेकर अस्सी लाख तक की बोली लगाकर उनकी मालाओं की बिक्री हुई, जिससे तीन करोड़ के बजाए सात करोड़ रुपए एकदम जमा हो गए, तो नेताजी ने रोका। सोना भी लोगों ने तन-मन से दिया। आज़ाद हिन्द फौज के बैंक भी बने और उस बैंक में भी धन जमा हुआ जिससे लोगों को बहुत लाभ होता था। उन्होंने किसी जापानी से यह नहीं कहा कि यह दो, बल्कि वहां बसे अपने लोगों के धन से, उनके पैसे से, उनके प्यार से यह फौज वहां बनी थी।

शर्मा : जापानियों का और आज़ाद हिन्द फौज का आपस में सम्बध कैसा था?

राम सिंह : पहले तो ठीक नहीं था। जब तक नेताजी नहीं पहुंचे थे, कुछ ऐसे ही था। हम लोगों के साथ भी उनको कोई खास प्यार नहीं था। लेकिन जब नेताजी आए, जब हमारी आरजी हुकूमत बनी, तब जापानियों ने हमारी इज्जत करनी शुरू की। फिर तो वे हमारे अफसरानों के साथ, जवानों के साथ भी खूब इज्जत से मिलते थे। जो अफसर उनके सामने आए वे पहले उनकी जय

हिन्द करके सैल्यूट करते थे और फिर बहुत इज्जत के साथ पेश आते थे। हम लोगों का मनोबल भी इतना ऊंचा हो गया था कि हम भी अपने को समझने लगे थे कि हम उनसे किसी बात में कम नहीं हैं। अपने मुल्क के लिए हमको खुद आगे जाना है। हुकूमत की ताकत ने हम लोगों को उनके सामने ही रखा।

शर्मा : जापानियों का पहले आप लोगों की तरफ जो रूख था और बाद में जो तब्दीली आई, उसकी क्या वजह थी?

राम सिंह : ऐसा था कि जब आईएनए की बुनियाद पड़ी तो जितने कैदी थे वे सभी उसमें आना चाहते थे। जनरल मोहन सिंह, रासबिहारी बोस की और हम लोगों की इच्छा थी कि जितने भी युद्ध के कैदी हैं वे सभी आईएनए में आएं, लेकिन जापानियों ने सब की सहमति नहीं दी। उन्होंने स्वेच्छा और अस्वेच्छा की शर्त रख दी। अपने मुल्क के काम के लिए यह शर्त तो नहीं होनी चाहिए थी।

हम लोगों में भी आपस में मतभेद हो गए थे। कुछ आदमी कहें कि नहीं आईएनए में जाना ठीक नहीं है, हम कैदी ही ठीक रहेंगे, कुछ कहें कि नहीं, हम लोगों को आईएनए में जाना चाहिए। तो यह आपस में, बीच में थोड़ा सा मतभेद रहा। लेकिन ईश्वर की बड़ी कृपा रही, मैं तो यह कहूंगा कि नेताजी का वहां पहुंचना हमारे लिए और हमारे पूर्व एशिया के नागरिकों के लिए बड़ा लाभकारी रहा और बड़ा धन्यवाद है प्रभु का कि जिसकी वजह से हमारी हुकूमत बनी, हमारा झण्डा ऊंचा रहा। फौज सही रूप में बनी और उस फौज से जितना हो सकता था उसने देश के लिए कुर्बानी की और बहुत योगदान दिया।

मैं एक बात और बताऊं आपको जोकि बड़ी खुशी की है कि हमारे जवान लड़ाई में जब ज़ख्मी हो जाते थे तो उनकी 10-12 मील पीछे हटाकर एक इमर्जेन्सी अस्पताल में उनकी दवा-दारू होती थी लेकिन वहां भी वे जवान यही कहते थे कि हम कल ही ठीक होंगे और फिर मोर्चे पर जाएंगे, हम फिर लड़ेंगे, यह क्या गोली-वोली, यह कुछ नहीं है। यानी एक-दो आदमियों के हाथ में तो थोड़ी सी चमड़ी रह गई थी जो कि लटक रही थी, तो उन्होंने अपने बेनेट से खुद ही अपना ऑपरेशन कर लिया कि हटाओ जी, यह क्या लटक रहा है, और फिर वे फ्रंट में जाने के लिए, आगे लड़ने की तैयारी में लग जाते थे।

माताओं व बहनों ने भी बहुत मदद की। वे अपनी साड़ियां व धोती फाड़-फाड़ कर उनकी पट्टियां बना कर हमारे अस्पताल में भेजती थी'। रंगून में तो मैंने ऐसा देखा कि हर इतवार और बृहस्पतिवार के दिन सिविल की तमाम माएं, बहनें, हरेक अस्पताल में मरीजों को अपने हाथ से खाना खिलाती थीं और अपने हाथ से उनकी मरहम-पट्टी करती थी। तो इतना प्यार था। वहां हमने इतना प्यार पाया कि हमें ऐसा लगता था कि जैसे हमारी सच्ची मां हैं, जो आज हमें प्यार करने आ रही है। जो इस किस्म का प्यार नेताजी से हमें मिला। हमें देश से इतनी मोहब्बत थी कि हम सोचते थे कि कब हम अपने मुल्क पहुंचें और कब देश के लिए काम आएं। मरने की, बलिदानी देने की कतई फिक्र नहीं थी, बल्कि खुशी होती थी कि हम हंसते-हंसते प्राण देंगे। हम गीत भी गाते थे। कोई दूसरा गीत तो हम लोगों ने जाना ही नहीं, आया ही नहीं। मातृभूमि की ओर बढ़ना है। आज अपने को न्योछावर करना है, इसी किस्म के गीत गाते थे और एक-दूसरे के साथ मिलकर बहुत अच्छी तरह से रहते थे।

शर्मा : फौज की कुल तादाद कितनी होगी?

राम सिंह : तादाद तो, अब हम एक गीत गाते थे जिसमें कहा गया था नेता सी तीन लाख फौज दाग, यानी उसमें तीन लाख की फौज बताई गई है। उसमें रानी झांसी, बालक सेना और प्रशासन विभाग, इन सबको मिलाकर इतनी फौज बनी थी। एक लाख से तो ऊपर ही थी। उस वक्त की आबादी 35 लाख थी, तो नेताजी ने 'टोटल मोबलाईजेशन' की बात कही थी। उन्होंने कहा कि अगर हमारी सारी फौज भी जंगे-आज़ादी की राह में खत्म हो जाएगी तो बाकी यहां जितने हमारे भाई लोग हैं, सिविल वाले, वे सब फौजी बनकर मातृभूमि की ओर आगे जाएंगे। तो इस किस्म का हम लोगों का संगठन था।

शर्मा : जिस फौज में आप थे, गोरखा रेजीमेंट, वह आईएनए में आना चाहती थी या नहीं?

राम सिंह : इसके लिए बड़ी मुश्किल हुई, क्योंकि वहां तीन गोरखा पलटन थीं। एक सेकण्ड फर्स्ट, दूसरी सेकण्ड, और तीसरी सेकण्ड नाइंथ। हम गोरखा लोगों की अंग्रेज़ सरकार की फौज में होने के कारण आज़ादी के बारे में कोई ज्ञान नहीं होता था, यह तो बाद में मालूम हुआ। उस समय तो हम जानते भी नहीं थे कि आज़ादी क्या होती है। बस हमारा काम यही था कि जो अनुशासन,

जो आर्डर और जो ट्रेनिंग हमने पाई है उसी तरीके से काम करें, वही हमारे लिए बहुत अच्छा रहता था, वही हम करते थे। लेकिन वहां पहुंचने के बाद जब हम लोगों ने लड़ाई के सब हालात देखे और सारी बातों को जानने के बाद हमें मालूम हुआ कि हम तो भारतवासी हैं, हमारा भारतवर्ष बहुत सदियों से दुःखी है, गुलाम है तो हम लोगों को क्यों नहीं अपने भारत देश के लिए लड़ना चाहिए। फिर हमने वहां एक नया नारा लगाया। हम लोग अपने फौजी भाइयों के बीच में जाकर उनको समझाते थे तो वे बहुत मुश्किल से समझ पाते थे, लेकिन आहिस्ता-आहिस्ता सबके-दिल में देश के लिए प्यार बढ़ता गया, सब बातें मालूम हुई तो बाद में बहुत से जवान खुशी से आज़ाद हिन्द फौज में आए।

शर्मा : जब आप उन लोगों को समझाने जाते थे तो क्या वे एकदम से आपकी बात मान लेते थे?

राम सिंह : नहीं, एकदम से तो उनके लिए मानना बड़ा मुश्किल था, बल्कि वे खफा होते थे। वे कहते थे कि तुम हमको ऐसी बातें मत बताओ, हमको ऐसे ही रहने दो। हमारा क्या हो रहा है? हम 8-10 घंटे जापानियों के साथ लड़ाई करते हैं, और हम लोगों को कोई तकलीफ नहीं है। तुम बेकार आज़ादी-आज़ादी कर रहे हो। आज़ादी क्या है, आज़ादी किसे कहते हैं, भारतवर्ष में कौन हमारा राजा है, कुछ इस किस्म की बातें वे लोग कहते थे और नाराज भी होते थे। मेरे से वे कई बार इतने नाराज हुए कि उन्होंने कहा कि अगर आप दूसरी बार यहां हम लोगों को कुछ कहने के लिए आएंगे तो हम आपको जान से मार देंगे। तुम यहां मत आया करो। फिर भी मैं वहां बराबर जाता था और जितना मुझमें ज्ञान था, उसके अनुसार प्यार से उन्हें समझाता था। गाकर भी सुनाता था कि हम सब भारतवासी हैं, हममें कोई फर्क नहीं हैं, ऐसे समय में अगर हमने अपने मुल्क के लिए कुछ नहीं किया तो दुनिया में हमारा नामो-निशान मिट जाएगा। हमारी इज्जत ही नहीं होगी। हमको दुनिया वाले जानेंगे नहीं, इसलिए हमको अपने देश की आज़ादी के लिए जरूर जाना है। काम कठिन है, बहुत मुश्किल है, बलिदानी देनी है, पता नहीं बाद में क्या होता है, क्या नहीं होता, फांसी लगेगी, क्या मुसीबतें आएंगी, लेकिन उससे घबराने की बात नहीं है।

अगर हम भारतवासी हैं, ऐसा समझते हैं, तब तो हमको मुल्क की आज़ादी के लिए जाना ही चाहिए और जाना होगा, तो आप आइए, बड़ी खुशी की बात है। मरने तो हम लोग वैसे भी यहां आए थे, जापानियों से लड़ने आए हैं, लेकिन जापानियों से हमारी क्या दुश्मनी है जो हम लोग लड़ने के लिए आए। आज भारत माता की रक्षा के लिए, अपने देश के लिए अगर हम न मरे तो हमारी जिंदगी बेकार है। इस तरह मैं उनसे प्रार्थना करता था। ईश्वर की कृपा से काफी तादाद में वे आईएनए में आए। उनमें से बहुतों ने वीरता दिखाई है। वे आईएनए में रहे क्योंकि वहां का काम, वहां की ट्रेनिंग कुछ ऐसी थी कि जो एक बार उसमें आया वह फिर कभी पीछे नहीं हटा। वह फिर भारत का लाल बन गया।

शर्मा : जापानी लोग गोरखाओं की कुछ उकसाने में...?

राम सिंह : हां-हां, यह बात आपने बहुत अच्छी पूछी। जापानियों ने एक दफा बहुत कोशिश की। रेडियो स्टेशन के दो-तीन जापानी अफसर थे जो हम लोगों पर नजर रखते थे। उन्होंने मुझसे एक बार कहा कि राम सिंह, आप गोरखा कैंप में जाते हैं और जवानों को आईएनए में आने के लिए कहते हैं, आप क्यों वहां जाते हैं, उनको रहने दो। मैंने कहा: क्यों सर? कहने लगे कि वे बड़े अच्छे होते हैं, बड़ी मेहनत से काम करते हैं और दस घंटे का काम पांच घंटे में खत्म करते हैं तो इसलिए उनको वहां रहने दो यानी कैदी ही रहने दो। मैंने कहा, उनको तो आईएनए में हर हालत में आना चाहिए। इस तरह मैं उनके साथ बात करता था। एक दफा तो जापानी अफसर ने हमारे जितने गोरखा अफसर थे...उन दिनों, हाईएस्ट रैंक सूबेदार मेजर का होता था, लेफ्टिनेंट, कैप्टन, नहीं होते थे, अंग्रेज़ अफसर होते थे... उन सबको सिंगापुर से पिनांग ले गए, बेखबर, किसी को पता नहीं लगा। पिनांग में छः महीने तक उनको कुछ ट्रेनिंग दी। वहां उन्होंने सबको बरगला दिया और उनका दिमाग ऐसा फेरा दिया कि वे समझने लगे कि वे भारतीय नहीं है। जापानियों ने उनको कहा कि तुम भारतीय नहीं हो, तुम उनसे अलग हो और तुम्हारी-हमारी शक्ल-सूरत सब मिलती है। तुम नेपाल के और हम निपोन, एक ही हैं, कहां तुम चक्कर में फंसे हो कि हम हिन्दुस्तानी हैं, हिन्दुस्तानी हैं। फिर सिंगापुर में आकर वहां के अस्पताल से डाक्टर भेजे। उनके जो बड़े-बड़े डाक्टर थे, जो मुआयना बगैरह करते थे, हड्डी बगैरह की जांच करते थे, वे आकर उनके आंख, नाक,

कान, मुंह, नापने लगे और उसमें इंच-इंच वाइज लिख कर कहें कि तुम्हारी और हमारी शक्लों में, आंख, नाक, कान मुंह में कोई फर्क नहीं हैं, यहां तक कि खून भी एक किस्म का है। हमारी स्पिरिट यानि ज़ज्बा भी एक जैसी है लिहाज़ा तुमको हम जापानियों के साथ मिलना चाहिए।

मैंने फिर बीच में जाकर कहा कि खबरदार, यह गलती मत करना, यहां कैद में मर जाना अच्छा है लेकिन यह गलती करोगे तो दुनिया की नजरों में तुम और भी गिरोगे। यह क्या तमाशा बना रखा है। यह नहीं हो सकता। अगर आज़ाद हिन्द फौज में नहीं आना तो कैदी बन कर रहो, वह बेहतर है, लेकिन यह चीज नहीं हो सकती। इस तरह से मैंने उन लोगों को वहां रोका।

नेताजी ने मेरी ड्यूटी स्कूलों में जाकर बच्चों को कौमी तराना सिखाने की लगा दी थी, जितने राष्ट्रीय गीत थे, देश के गीत थे, वे सिखाना, परेड करवाना, अनुशासन सिखाना। इसके अतिरिक्त हर कैंप में जाना, हर कैंप को देखना ये सब मेरे काम थे। फिर मैं शाम को अपने ब्रॉडकास्टिंग स्टेशन से अपना म्यूज़िक का प्रोग्राम देता था। अपनी गोरखाली भाषा में भी कभी-कभी न्यूज और 'कमेंट्री' भी दिया करता था।

शर्मा : जापानियों का हिन्दुस्तान के जो और नेता थे उनकी तरफ क्या रूख था?

राम सिंह : यह तो मैं कैसे बता सकता हूं?

शर्मा : गांधीजी की तरफ?

राम सिंह : हां, गांधीजी को वह बहुत मानते थे। इस सन्दर्भ में एक किस्सा बताता हूं कि महात्मा गांधीजी के नाम ने कत्ल होने वाले एक अफसर को कैसे बचाया है। यह उस वक्त की बात है जब मैं जापान के अंदर आलोस्टार में कैद हो चुका था। वहां शाम को छः बजे के करीब, अंधेरा हो चुका था, सेकेण्ड नाइन्थ गोरखा के एक सुबेदार, दिल बहादुर को एक जापानी अफसर लेकर आया और कहने लगा: राम सिंह, टेक योर मैन, इसको लो। मैं उसको लेने गया तो वह आदमी कांपता हुआ आया। वह इतना कांप रहा था कि मैंने पूछा क्या आपको बुखार है? वह बोला नहीं, बुखार नहीं है। मैंने कहा कि क्या सिगरेट पिएंगे, तो बोला कि हां। तो मैंने एक सिगरेट मांग कर दी, तो वह सिगरेट भी नहीं पी पा रहा था, उसके हाथ कांप रहे थे। मैं सोचूं कि आखिर इनको क्या हो रहा है। फिर मैंने कहा कि साहब, थोड़ा शांति रखिए, क्या है, क्या बात हुई?

तो पानी बगैरह पिलाकर उनको थोड़ा शांत किया। फिर वह कहने लगे कि मेजर, मैं हवलदार मेजर था, आज मैं तो मरने जा रहा था। मैंने पूछा कैसे? वह बोले कि सुबह हम लोग यहां नीचे, आलोस्टार के नीचे कोई 10-12 मील दूर पकड़े गए। हम लोग लड़ाई के मैदान में घेरे में आ गए, हमारे साथ पांच-छः अंग्रेज़ भी थे, सेकण्ड नाइन्थ गोरखे के भी हमारे दो साहब थे और तीन-चार और यूनिट के थे, मैं भी बीच में था। हम लोगों को जापानी सुबह रास्ते में रबड़ के दरख्त से रस्सी से बांधकर चले गए। शाम को जब वे लौटे तो उन्होंने हमको खोला। हमको न पानी मिला, न कुछ मिला। चूंकि दिन भर हम उसमें बंधे रहे थे तो तमाम जिस्म सुन्न हो गया था। जब हमें खोला गया तो हम गिर पड़े। तो फिर उन्होंने हमें उठाकर बस में डाला। जब हमें बस में डाला, तो मेरा गोरखा 'हैट' जो था वह गिर गया जिसके कारण मेरी सिर की चोटी दिखने लगी। तो उस चोटी को पकड़कर हिलाने लगे, कहने लगे कि गांधी का, यू गांधी का। तो मेरी समझ में नहीं आया कि यह क्या कह रहा है, मैं चुप ही रहा। उसने फिर कहाः यू महात्मा गांधी का, इंडिया का।

दिल बहादुर साहब गोरे रंग के थे जिसकी वजह से वह बिल्कुल अंग्रेज़ लगते थे। तो जापानियों ने पहले सोचा कि यह अंग्रेज है, लेकिन चोटी देखने के बाद उन्हे समझ आया कि यह तो इंडियन है और महात्मा गांधी के देश के हैं, तो इस ख़्याल से वह चोटी पकड़ कर हिलाने लगा। तो वहां सेकण्ड नाइन्थ गोरखा जो साहब थे, उन्होंने इस चीज़ को समझा। उन्होंने गोरखाली भाषा में कहा, दिल बहादुर साहब, भन्नूहास, कहिए ठीक है, मैं गांधी का हूं, गांधी का आदमी हूं, तो मैंने सिर हिलाया, हां गांधी का हूं। तो फिर उन्होंने कहा ओ हो, आप यहां से उठिए, आगे बैठिए। तो मुझे आगे बिठाया। फिर उन्होंने कहा कि हम अभी आपको काटने वाले थे, कत्ल करने वाले थे, ये जितने हैं यह कटने के लिए ऊपर जा रहे हैं लेकिन महात्मा गांधी की वजह से, इस चोटी की वजह से आप बच गए। तो भैया, देखो, महात्मा गांधी कैसे देवता हैं, वह तो ईश्वर हैं, उनके नाम से मेरी जान बच गई। तो महात्मा जी ने जापानियों के दिलों में भी छाप छोड़ी थी। तो उसको देखकर हम लोगों का हृदय और भी बापूजी की तरफ आकृष्ट हुआ कि बापूजी कौन हैं? तो वहां ऐसा हादसा देखने में आया और जापानियों ने बापूजी को माना है। वह बहुत आदर के साथ कहते थे कि आपके देश में महात्माजी, बापूजी, गांधीजी, ऐसे कहते थे।

शर्मा : नेताजी के जो नज़दीकी सहयोगी थे, क्या उन्होंने उनको हमेशा सहयोग दिया था?

राम सिंह : वे पूरा सहयोग देते थे, किसी बात की कमी नहीं थी, लेकिन कुछ बदकिस्मती थी। जब हमारी फौज जंगलों में लड़ाई के मोर्चे में आई है तो जवानों ने नंगे, भूखे, प्यासे रहकर भी अग्रेंजी सरकार का पूरा मुकाबला किया है और काफी जद्दोजहद के साथ लड़ाई हुई है। लेकिन तब बरसात शुरू हुई तो हमारे 'रीइन्फोर्समेंट' नहीं पहुंची। उस वक्त हमने यानी आज़ाद हिन्द फौज ने इम्फाल को घेर लिया था और वहां अग्रेजों की 14 डिवीजन थी तो 14 डिवीजन के लोग आईएनए वालों को चिट्ठी भेजकर कहते थे कि आप हमको रास्ता दे दीजिए, हम लोग इम्फाल छोड़कर भागना चाहते हैं, यह हालत थी, लेकिन आईएनए वाले पहाड़ी के उपर चढ़े हुए थे और वहां से चलो दिल्ली, चलो दिल्ली, भारत माता की जय, नेताजी की जय, महात्मा गांधी की जय, नेहरूजी की जय, इस तरह से नारे लगाते थे। लेकिन फिर हमारे पास गोली-बारूद खत्म हो चुका था, खाना-पीना नहीं था। हम लोग जोश-ही-जोश में 14 डिविजन के फौजियों को रोके हुए थे। लेकिन हमारे में से ही दो-चार ऐसे आदमी निकल गए जिन्होंने गद्दारी की, उनका दिल कमजोर हुआ और उन लोगों ने अग्रेंजी फौज को खबर दे दी कि ये लोग ऊपर से जो हल्ला कर रहे हैं, यह कर रहे हैं, वह कर रहे हैं, यह सब कुछ नहीं है, वहां तो खाने के लिए भी नहीं है, गोली बारूद भी नहीं है, लिहाज़ा आप लोग चढ़ाई करिए। फिर जब वे आगे बढ़े तो हमको ज्यादा नुक्सान उठाना पड़ा। फिर बरसात भी हुई, पेचिश फैल गई और इतनी तकलीफें हुई कि जिसकी कोई इंतहा नहीं है, तब थोड़ा सा पीछे हटना पड़ा, कई साथी रास्ते में शहीद हो गए।

शर्मा : क्या बाद में आपको पता लगा कि वे कौन लोग थे?

राम सिंह : बाद में, भारतवर्ष आने के बाद मालूम हुआ। प्रभुदयाल सिंह और ऐसे ही कुछ लोगों के नाम सुने थे। हमारे आदमियों ने उनके घर जाकर उनकी जमीनें बगैरह फूंक दी थीं। सुना है हमारे आदमियों ने कहा कि ऐसे आदमियों की भारत देश में जरूरत नहीं है, ये गद्दार हैं।

जब भी फ्रंट लाइन में कोई जा रहा होता था तो नेताजी हमेशा उनको अच्छी तरह से समझाते थे और पूछते थे कि आपका दिल मजबूत है, ठीक है, कोई तकलीफ तो नहीं है, फिजिकल फिटनेस है, घबराहट तो नहीं है,

यदि ऐसा कुछ है तो पीछे रहिए। आगे उन्हीं लोगों को जाना है, जिनको मरना है, प्राण देना है, मैं जाते समय तुमको कुछ नहीं दे सकता – यह उनका हमेशा आशीर्वाद रहा है। जो भी ब्रिगेड फ्रंट लाइन में जाती थी उनको वह बराबर यही कहते थे कि मेरे पास कुछ नहीं है, मैं आपको सिर्फ दो-चार चीजें देता हूं, भूख, प्यास, सख्त-से-सख्त तकलीफ और अंत में मौत। ये लीजिए मेरा तोहफा और इसे लेकर अपनी मातृभूमि की ओर जाइए। ये उनके उसूल थे। बाद में उन्होंने रंगून में आकर एक नारा और लगाया 'करो सब निछावर बनो सब फकीर' यानी सब न्योछावर करो, अपना घर, धन, दौलत, कपड़ा-लत्ता सब दे दो और देश के लिए फकीर बन जाओ। फिर अंत में उन्होंने एक नारा दिया 'मुझे खून दो'। मैं विश्वास दिलाता हूं कि मैं तुम्हें आज़ादी दिलाऊंगा'। इस वक्त भारत मां को तुम्हारे बलिदान की जरूरत है, तो उस समय सिपाही तो सिपाही, बालक सेना ने भी अपने अंगूठे चीर-चीर कर सुसाइड स्क्वाड में भर्ती होने के लिए खून के दस्तखत किए कि जहां भी टैंक जाएगा या पुल तोड़ना होगा, हम लोग बम बांधकर उसमें जाएंगे और शहीद होंगे।

शर्मा : नेताजी भाषण कौन सी भाषा में देते थे?

राम सिंह : हिन्दुस्तानी में देते थे और बहुत अच्छी हिन्दुस्तानी में देते थे। सब समझते थे। जहां कहीं अंग्रेजी की जरूरत पड़े वहां अंग्रेजी में भी खूब बोलते थे। जहां तमिल भाषा की जरूरत होती थी वहां तमिल भाषा के लिए इंटरप्रेटर थे। सिंगापुर में तो चिदम्बरर्ज उनके भाषणों का अनुवाद करते थे और रंगून में मैंने देखा, एक अफसर थे। नाम मुझे याद नहीं, वह उनके भाषण का अनुवाद करते थे।

शर्मा : आईएनए के जो गाने थे उनमें सबसे मशहूर गाना कौन सा था?

राम सिंह : एक तो यह कौमी तराना था, 'शुभ सुख चैन बरखा' और दूसरा था, जिसके बोल मैंने ही लिखे हैं–

'कदम-कदम बढ़ाए जा, खुशी के गीत गाए जा,
यह जिंदगी है कौम की, तू कौम पर लुटाए जा।

और हिन्द सिपाही वाला था–

हिन्द सिपाही, हिन्द सिपाही
रखना है तुझे हिन्द में बुनियादी चमन की

सर पर तू निकल बांध कर दस्तार कफन की
निगरा है इलाही
हिन्द सिपाही, हिन्द सिपाही
नारा-ए-इन्कलाब लगा तेरा उठाले
सोता है तेरा वक्त उसे अब तू जगा ले
न देख तबाही
हिन्द सिपाही, हिन्द सिपाही
आज़ाद बनकर तोड़ दे जंजीरे ग़ुलामी
ताजोम से दे झुक के तिरंगे को सलामी
हे परचमे शाही
हिन्द सिपाही, हिन्द सिपाही
वह दिल ही नहीं जिसमें न हो चाह वतन की
वह आंख नहीं जो न तके राह वतन की
आज़ादी के राही
हिन्द सिपाही, हिन्द सिपाही

इस किस्म का यह गीत था। झण्डे के गीत भी हम गाते थे।

कौमी तिरंगे झण्डे ऊंचे रहो जहां में,
हो तेरी सर बुलंदी ज्यूं चांद आसमां में।

फिर सर इकबाल का बनाया हुआ गीत था:

सारे जहां से अच्छा हिन्दोस्तां हमारा

यह गीत सबको बहुत प्रिय था। आईएनए के तो जितने गाने थे वे सब देशभक्ति के थे और सब एक साथ मिलकर गाते थे। वहां यह सवाल नहीं था कि उनको नहीं आता, इनको नहीं आता। परेड ही गाने से होती थी। जब हम लोग ग्रुप मार्च भी करते थे, ट्रेनिंग के लिए जाते थे, तो गाते जाते थे:

हिन्द सिपाही, हिन्द सिपाही

और हमारे कदम भी मिल रहे होते थे और जवानों में जोश भी खूब बढ़ता था। रानी झांसी रेजिमेंट के लिए भी गीत बना हुआ था–

हम भारत की बेटी हैं, अब उठा चुकी तलवार
हम मरने से नहीं डरती, नहीं पीछे पावों को धरती
आगे ही आगे बढ़ती कस कमर हुई तैयार
हम भारत की बेटी हैं...
हम नए नहीं हैं लड़ाई देखो इतिहास उठा के
हम क्षत्राणी भारत की दिखला देंगी निज वार
हम भारत की बेटी हैं...
जब कर किरपान उठाती फिर काल सर्प बन जाती
रूधिरों से प्यास बुझाती थर्रा देती संसार
हम भारत की बेटी हैं...
हम हरगिज़ दम न लेंगी दुख दर्द और कष्ट सहेंगी
दुश्मन को चीर धरेंगी कह रही पुकार पुकार
हम भारत की बेटी हैं....
जब तक बाहों में बल है धमनियों में रक्त प्रबल है
दिलों में नहीं पल भर कल है बिना किए देश उद्धार
हम भारत की बेटी हैं...

इस किस्म के गीत रानी झांसी के, बालक सेना के थे, जो गाए गए। तो वे सारे गीत देश के ऊपर थे, देश के लिए थे। वहां पर जिनते भी गीत गाए गए उन पर वहां अफसरान लोगों का एक सेंसर बोर्ड होता था, वे इन गीतों को पास करते थे।

शर्मा : ये गीत लिखते कौन लोग थे?

राम सिंह : अपने जवान ही लिख लेते थे। एक कैप्टन कल्याण चन्द हसरतजी थे, वह फील्ड प्रोपगेन्डा यूनिट में थे। उनके भी बड़े अच्छे गीत होते थे। वह भी अच्छा लिखते थे। एक फलिक साहब थे। रेडियो स्टेशन में मुमताज हुसैन साहब थे। गुरबख्श सिंह ढिल्लन ने भी एक बहुत बढ़िया गीत लिखा था। नेताजी का फरमान । नेताजी ने फ्रंट में अपने ब्रिगेड को जो संदेश भेजा था ढिल्लन साहब ने उसे वहां गीत के रूप् में पढ़ कर सुनाया था। बाद में मुझे भी वह गीत भेजा गया था और मैंने उसकी धुन बनाई थी, वह यह था:

उठो सोए भारत के नसीबों को जगा दो,
आज़ादी यूं लेते हैं जवां लेके दिखा दो।

खूंखार बनो शेर मेरे हिन्द सिपाही,
दुश्मन के सफे तोड़ दो, एक तहलका मचा दो।
आज़ादी यूं लेते हैं जवां लेके दिखा दो,
हिन्द के बदले में अदू? चीज ही क्या है,
गर रास्ते में हो भाई तो उसे मार गिरा दो।

अर्थात हो सकता है यहां से अपनी हिन्दुस्तानी फौज जा रही हो और सामने सगा भाई खड़ा हो, और वह कहे कि तू इधर आ, मेरी तरफ आ, उस तरफ से क्यों लड़ रहा है, और हम कहें कि नहीं, मेरे पास आ, हम दोनों आपस में एक-दूसरे की बात नहीं मानते हैं तो ऐसे में यदि रास्ते में रूकावट हो रही हो तो उसको यानी अपने भाई को भी साफ कर दो। इतनी महान बलिदानी, इतना महान त्याग। तो इस किस्म के गीत वहां बने और गाए गए। गाए ही नहीं गए बल्कि उन पर जवानों ने पूरा-पूरा अमल भी किया।

शर्मा : नेताजी जब पहली बार वहां गए और वहां जो गीत गाए गए उनमें से कुछ आपको याद है?

राम सिंह : हां, मुझे याद है। सबसे पहले जब वह सिंगापुर में आए थे तो उनका स्वागत इस गीत से किया:

सुभाष जी, सुभाष जी
वह जाने हिन्द आ गए।
है नाज जिस पर हिन्द को
वह शाने हिन्द आ गए

सुभाष जाने - हिन्द है।
सुभाष शाने - हिन्द है।
सुभाष आने - हिन्द है।
सुभाष माने - हिन्द है।

कली कली कली कली
यह अन्दलीब है चहचही।
गली गली गली गली
यह आम खल्क गा रही।

सुभाष जी, सुभाष जी
वह आने - हिन्द लाएंगे।
वह शाने - हिन्द लाएंगे।
फिरंगियों को कौम पर,
वे कहर बनकर छायेंगे।

सुभाष जी, सुभाष जी
वह जाने हिन्द आ गए।
खुशी का दौर आ गया।
निशान बन के छा गया
वह एशिया का आफताब,
एशिया में छा गया।

सुभाष जी, सुभाष जी

यह गीत मुमताज हुसैन भाई ने लिखा था। तो हम लोगों ने गीत मिलकर गाया था, इसकी धुन मैंने बनाई थी।

शर्मा : सुभाष बाबू के बारे में आपकी और कोई याद्दाश्त हो?

राम सिंह : याद्दाश्त तो बहुत हैं, मैं कितना कहूं उनके लिए, वह तो एक ग्रंथ की तरह हैं। उनकी एक कृपा जो मेरे ऊपर हुई वह यह थी कि एक दफा- यह रंगून की बात है...रंगून में मेरे कांख? में एकदम छह-सात फोड़े हो गए और वे लाल हो गए। उससे मुझे बुखार भी आ गया। फिर थोड़ी पेट में भी गड़बड़ी रही। उन्हीं दिनों में एक दिन नेताजी की आज़ाद हिन्द के अस्पताल में मीटिंग थी। वहां पर मेरा प्रोग्राम होना था। खबर आई थी कि आप लोगों को वहां पहुंचना है। मैंने अपने कमांडेट साहब अमर सिंहजी को कहा कि साहब, मेरे लिए तो कह देना कि मेरा हाथ ही नहीं उठ रहा है और बहुत तकलीफ हो रही है, बुखार बहुत है और मुझे बहुत शर्मिंदगी हो रही है कि मैं जा नहीं पा रहा हूं। आप लोगों के साथ नजीर हुसैन साहब हैं, हीरालाल हैं, तो आप लोग वहां जाकर ठीक से प्रोग्राम करना। ये दो-चार गाने हैं आज़ादी की राह पर और (स्किट हैं) जो आप लोगों ने तैयार की है उसको करना। वहां हमारी टीम गई। वहां मीटिंग हुई, नेताजी ने सब कुछ देखा, सुना।

जब उन्होंने मुझको नहीं देखा तो अफसरों से पूछा कि आज राम सिंह कहां है? तो उन्होंने कहा कि वह बीमार हैं, उनको फोड़ा हुआ है, बुखार आ रहा है। सुभाषजी बोले कि अच्छा, उनको बुखार आ रहा है, ताज्जुब है, यह कैसे हो सकता है, ओ हो उनका इलाज कैसे होगा? यह सब अफसरान ने मुझे बताया। फिर बाद में जब नेताजी, नेताजी भवन में आए तो उन्होंने एक मोटर–साइकिल पर अपने एक संदेशवाहक के हाथ मुझे एक संदेश–पत्र भेजा। वह संदेशवाहक मेरे पास साढ़े तीन बजे के करीब पहुंचा। मैं चारपाई पर लेटा हुआ था। एक लड़का वहां मेरे साथ काम करता था। पूरन बहादुर वह कहने लगा साहब, 'तिमरो डाक आको छे है'। मैंने कहा कहां से आया? कहने लगा नेताजी भवन बुडिया से बाटी आको छे'। मैंने कहा लाओ, संदेशवाहक को कहो कि ठहरो। तो मैंने पत्र खोला, उसमें उनका संदेश था।

उन्होंने लिखा था 'प्रिय राम सिंह, मुझे यह जान कर बड़ा आश्चर्य हुआ कि आप बीमार हैं, यह कैसे हो सकता है कि आप बीमार हैं। आप तो अस्पताल में जितने दुखी–रोगी, बीमार और जवान हैं उनके बीच में जाकर उनका मनोरंजन करते हैं, उनका दिल बढ़ाते है और उनकी पीड़ा को दूर करते हैं और इस वक्त आप खुद बीमार हैं। लेकिन आपके लिए डाक्टर कोई नहीं है। आपको खुद ठीक होना है और आपको बहुत काम करना है, यह मैं मान नहीं सकता कि आप बीमार होंगे। आप जल्दी–से–जल्दी अच्छे हो जाइए, आपको बहुत काम करना है, आपका नेताजी।

तो उस पत्र ने मुझे इतनी प्रेरणा दी, मुझमें इतनी शक्ति बढ़ी कि मेरे आंखों में प्यार से आंसू आ गए और मैं एकदम उछल कर नेताजी कह के चारपाई से खड़ा हो गया। जहां मैं हिल नहीं सकता था, वहां मेरे हाथ ऐसे उठे कि सारे फोड़े जो थे फूट गए और उसमें से तमाम पस बगैरह सब निकल गया। पूरन बहादुर कहता रहा, 'साहब तिमरो यो क्या भयोग। यहां देखो तो खून–खून निकलो, क्या भयो? मैंने कहा, 'आपरेशन भयो, आपरेशन भयो।' नेताजी को दवाई लो, आपरेशन भयो। यानी नेताजी की दवाई लगी और आपरेशन हुआ। बड़ी खुशी हुई। उसी वक्त मैं वह सब पोंछ–पांछ कर ठीक–ठाक हो कर वर्दी पहन कर उसी संदेशवाहक के साथ बैठकर नेताजी भवन चला गया। जब मैं नेताजी भवन पहुंचा तो उस समय नेताजी कुछ लिख रहे थे। मैंने दरवाजे पर ही उनको जय हिन्द कहा। वह बोले, 'अरे राम सिंह, आप तो बीमार थे।

मैंने कहा कि मैं ठीक हो गया हूं नेताजी। वह बोले कैसे ठीक हुए? मैंने कहा कि आपने जो पुड़िया भेजी थी वह मुझे मिली और उसने मुझे एकदम ठीक कर दिया।'

तब उन्होंने मुझे छाती से लगाकर प्यार किया और कहा, 'राम सिंह, इस आज़ादी की जंग में इस भयानक जंग में, इस इंकलाबी जंग में, पता नहीं कौन भारतवर्ष पहुंचेगा और तिरंगे झण्डे को लाल किले पर लहराते हुए देखेगा। वह किस्मत वाला होगा, उसमें से तुम होगे बेटा, जो उस दिन को जरूर देखोगे और यह जो आपकी वायलिन है यह लाल किला पर बजेगी। बापूजी आपकी वायलिन सुनेंगे, नेहरूजी सुनेंगे। आपको बहुत काम करना है, तो बेटा बीमार नहीं होते, अच्छा। उस दिन देखो मरीजों ने क्या कहा। मैंने उनसे जाकर पूछा कि आपको क्या तकलीफ है, किस चीज की जरूरत है, दवाई, खाना-पीना, पट्टी, तो उन्होंने कहा कि हमें कोई तकलीफ नहीं है, हम जल्दी अच्छे हो जाएंगे और फ्रंट लाइन में जाएंगे, ऐसा उन्होंने कहा और बाद में उन्होंने क्या कहा, मालूम है आपको? बाद में वे कहने लगे हमें एक बात की तकलीफ है। मैंने पूछा क्या? तो वे बोले कि राम सिंह साहब, हफ्ते में एक ही दफा आते हैं, उनको दो दफा अस्पताल भेजा करो। तो बेटा आप बीमार नहीं होना। मैंने कहा, 'नहीं होऊंगा नेताजी, कभी नहीं होऊंगा।'

शर्मा : आपको याद है ज्यादा गद्दारी किन लोगों ने की?

राम सिंह : यह बहुत दुख की बात है। कुछ लोग फ्रंट लाइन में आए थे जो यहां आकर दुश्मन से मिल गए। उनमें से कुछ कमांडेट लोगों ने उल्टी-पुल्टी बात की और अपनी पोजीशन आउट कर दी, उससे हमारी स्कीम, हमारी मूवमेंट फेल हो गई। रंगून में नेताजी ने पब्लिक मीटिंग में कहा कि मैंने एक ऐटम बम को पकड़ लिया है। वह ऐटम बम जो था पता नहीं कब फटने वाला था, शर्म की बात है। आज़ाद हिन्द के लिए बड़े भाग्य की बात है कि कई सालों के बाद इसकी एक आरजी हुकूमत बनी, लेकिन इसमें एक मिनिस्टर साहब, जो ऐटम बम बना रहे थे और फोड़ने वाले थे, या पता नहीं क्या करने वाले थे, उसको हमने अपनी मुट्ठी में कर लिया है। उसके बाद यह हुआ कि अब उस आदमी का क्या करना चाहिए। चारों तरफ से आवाज आई कि इसको गोली से उड़ा दो, इसकी जरूरत नहीं है।

नेताजी ने कहा कि अच्छा ठीक है, हिन्दुस्तान की तारीख गद्दारों से भरी है, खैर, कोई बात नहीं, हम उसको ठीक कर लेंगे। फिर उन मिनिस्टर साहब की पत्नी मेरे पास आई और बोली कि राम सिंहजी नेताजी ने ऐसा कह दिया, पता नहीं अब क्या होगा, क्या करें। मैंने कहा कि वह दया के भण्डार हैं, किसी को कुछ नहीं करेंगे। उन्होंने साहब, किसी के उपर हाथ नहीं उठाया था। किसी के उपर कुछ जुल्म नहीं किया। हां, बाद में जब इम्फाल में पीछे हटने का हो गया था और कुछ गद्दारी हो रही थी–आदमी से हो जाता है, तो वहां कमजोरी आ गई थी तब उन्होंने रंगून में गरज कर कहा था कि आज मुझे सख्त अफसोस है कि ये हाथ मैंने ऐसे गंदे आदमियों से मिलाए। दूसरा अफसोस इस बात का है कि उन्होंने मुझको कहा कि नेताजी, मैं यह कर दूंगा, वह कर दूंगा, ऐसा होगा, वैसा होगा और उन्होंने आगे जाकर पीठ दिखाई और हमको धोखा दिया। मुझे ऐसे धोखेबाजों की जरूरत नहीं और तुम्हारी भी जरूरत नहीं, तुम्हारी भी मुझे कुछ फिक्र नहीं है। मुझे तो ईश्वर पर पूरा भरोसा है, मुल्क आज़ाद होकर रहेगा और मेरा काम जो है, मेरी जो डयूटी है उसको मैं पूरा करूंगा। मैं पैदा ही इसीलिए हुआ हूं कि देश आज़ाद होकर ही रहेगा। हमारी जंग तब तक रहेगी जब तक देश मुक्कमल आज़ाद नहीं होगा, तो इस किस्म से उन्होंने गरज कर कहा। उन्होंने कहा कि अगर मेरे लिए ईश्वर के दरबार से बुलावा आ जाए तो मैं प्रार्थना करूंगा कि मेरी उम्र बढ़ा दीजिए।

शर्मा : ज्यादा लोग गद्दारी में कौन थे?

राम सिंह : अब किसको कहें, हिन्दुस्तानी लोग ही थे, अपने आदमी को ही कहना चाहिए, अब इसमें जात–पात वाली बात कहें कि ये थे वह थे, तो बड़ा दुःख होगा, इसलिए गद्दारों का तो नाम लेना ही उचित नहीं होगा।

शर्मा : कौन से मन्त्री थे जिन्होंने गद्दारी की?

राम सिंह : वह प्रोपगेंडा और क्या–क्या के मिनिस्टर थे, वह अंदर–ही–अंदर बहुत गड़बड़ करते थे। वे सारी बातें तो नेताजी को मालूम थी कि यह पता नहीं क्या करने वाला है। एक–दो दफा हमसे भी झड़प हो गई थी । एक बात बताऊं आपको, बड़ा आश्चर्य होगा। वहां एक मकटीला टापू है, वहां हमारी ब्रिगेड थी। हमारे शाहनवाज साहब भी वहीं थे। तो वहां नेताजी रंगून से आए। वह बाकायदा अपने पूरे हथियार बगैरह भर कर, ब्रेनगन लेकर पूरी लड़ाई की वर्दी में मटकीला पहुंचे। वह लड़ाई की स्थिति देख रहे थे कि क्या होगा,

कैसे होगा, किस तरह से लैंड करेंगे। वह तो लड़ाई की तमाम योजनाएं जानते थे। तो इन महाशयों में से किसी ने खबर दे दी कि ऐसे-ऐसे यहां नेताजी पहुंचे हैं तो वहां पर ब्रिटिश सरकार ने ग्लाइडर के ग्लाइडर उतार दिए और टापू को घेर लिया। वहां कुछ जापानी बटालियन भी थी उन्होंने सरेंडर कर दिया और खबर भेज दी कि हम लोग सरेंडर कर रहे हैं, ब्रिटिश ने हमको घेर लिया है, आप लोगों का क्या इरादा है। नेताजी अपनी ब्रेनगन लेकर आगे बढ़े। कहते हैं कि नेताजी को रोका भी गया तो उन्होंने कहा हटो, मुझे रोकने वाला यहां कोई नहीं है, तुम लोग यहां अपना काम करो, मुझे अकेले जाने दो। देश को मालूम होगा कि मैं आखिरी दम तक अपने मुल्क के लिए लड़ा हूं और मेरी मौत हुई तो मुल्क की आज़ादी के लिए हुई है।

इस तरह से वह निकल पड़े, लेकिन वहां आगे जाने का रास्ता ही नहीं था। अंग्रेजों ने टापू को पूरा घेरा हुआ था और उस घेरी हुई जगह से कहते हैं कि वह बर्मी साधू बनकर फौज के अफसरानों को आशीर्वाद देते हुए, उनकी बोली बोलते हुए निकले। सब लोगों ने उनको प्रणाम किया, महाराज, नमस्कार, तो नमस्कार करते हुए उनके बीच में से वह निकल कर किश्ती में चढ़े, किश्ती से फिर पता नहीं कितनी मील तक समुद्र यात्रा की। बाद में बैलगाड़ी में गए। बैलगाड़ी से फिर रंगून की तरफ आए। अंग्रेजों को तो पक्की खबर थी कि नेताजी यहां हैं। उन्होंने पत्ता-पत्ता छान मारा, बहुत ढूंढा उनको, लेकिन वह मिले नहीं। बाद में उनको मालूम हुआ कि अरे वह जो बैलगाड़ी में महात्माजी थे वही तो नेताजी थे।

शर्मा : आरजी हुकूमत में अय्यर थे?

राम सिंह : हां। करीम गनी भी थे, वह भी मंत्री थे।

शर्मा : अय्यर तो आजकल बम्बई में हैं।

राम सिंह : हां।

शर्मा : आरके पाल्टा कहां हैं, जिन्होंने 'माई एडवैन्चर विद द आईएनए' लिखी है। वह आरजी हुकूमत में नहीं थे?

राम सिंह : मुझे पता नहीं। महबूब साहब को मालूम है उनको पूछना, वह बताएंगे। जिस वक्त नेताजी रंगून से बैंकाक की तरफ जा रहे थे उस दिन मैंने करीम गनी साहब को नेताजी के बंगले में देखा था। दाढ़ी-वाड़ी बढ़ी हुई थी, बूट वगैरह पहने हुए थे। तो मैं सोचता था कि यह यहां किस वास्ते हैं।

उनको नेताजी अपने साथ बैंकाक ले गए और बैंकाक में छोड़ दिया कि लो बेटा जो करना है यहां कर। क्योंकि बैंकाक में तो उनका कोई अंडर ग्राउंड सैल था नहीं, लिहाज़ा उनको मारा-पीटा कुछ नहीं। जिस वक्त नेताजी रंगून से गए थे, वह रात को निकले थे, उनकी कार के आगे झण्डा लगा हुआ था और उनके पीछे बाकी अफसरान की कारें थीं, रतौड़ी साहब बगैरह सब थे। रानी झांसी रेजीमेंट को नेताजी ने पहले ही भेज दिया था, उन्होंने उनका इंतजाम कर दिया था। तो जब वह गए हैं उस समय ब्रिटिश सरकार की पूरी फौज रंगून पर लैंड कर चुकी थी। गोरखा, पंजाबी, यानी ब्रिटिश इंडियन फौज से पूरा रंगून घिरा हुआ था।

तो उसके बीच में से नेताजी की कानवाई निकली। देखिये, कितनी वीरता की बात है, और उनकी कानवाई झण्डा लहराते हुए गई। उनमें कुछ ऐसे अफसर भी थे जिनको नेताजी अपने साथ ले गए थे क्योंकि उनको पता था कि यह यहां खलबली करेंगे, तो वह उनको भी अपने साथ ले गए थे। कहते हैं कि जब वह जा रहे थे तो उन्होंने आर्डर ऑफ मार्च के लिए आदेश दिया कि मेरी गाड़ी सबसे पहले होगी, उसके बाद इसकी होगी, यह होगा, वह होगा, तब निकले हैं। लेकिन रास्ते में उसमें से एक अफसर ने अपनी गाड़ी को बंद कर दिया। खुद खराब किया और कहा कि पुरजे खराब हो गए है। वह गाड़ी रोक कर देखने लगा, औरों को जाने दिया कि मेरी गाड़ी तो खराब हो गई है फिर उसने अंग्रेज़ को खबर भेजी कि नेताजी अभी गए हैं। अंग्रेज़ ने कहा 'ओह, यू आर वैरी गुड', उसकी बड़ी खातिर हुई।

उसके बाद वहां पर जितनी मशीनगने और तोपें, थी सबने नेताजी की तरफ दनादन गोलियां चलाई। नेताजी हंसने लगे और बोले मालूम होता है हमारा कोई दोस्त छूट गया है और उसका तोहफा हमारी तरफ आ रहा है, ऐसे थे नेताजी। वह कभी घबराए नहीं और जितने लोग उनके साथ थे सबको सम्भाला। मौलमीन में, सीटांगा नदी में, जंगलों में सबको सम्भाला। कहते हैं कि बैंकाक पहुंचने तक उनके ऊपर बराबर बमबार्डमेंट होती रही।

करीम गनी को आखिरकार अंग्रेजों ने पकड़ कर हमारे पास ही लाल किला में भेज दिया कि शायद अब हम आपस में लड़ें। हम लोगों ने वहां रंगून में 'गद्दार डे' भी मनाया था। वहां एक ड्रामा भी हुआ था गद्दार डे जो एक हफ्ता चला। उसमें हमने दिखाया कि गद्दार किसे कहते हैं,

गद्दारों का काम क्या होता है और गद्दारों को क्या ईनाम मिलता है। तो बड़े जोरों से हम लोगों ने वह ड्रामा किया और उसमें दिखाया कि कैसे अंग्रेज़ ने बुलाकर कहा: 'हैलो, यू आर वेरी गुड, ओह यस, यस, एण्ड आई विल गिव यू फर्स्ट क्लास मैडल। और पीछे से बराबर अग्रेंज ने उसको थप्पड़ मारा कि तू अपने घर का नहीं हुआ तो हमारा होगा क्या? हम लोगों ने उनको कुछ नहीं कहा, क्या कहना था। वहां शाहनवाज साहब थे, सब समझदार थे। उन्होंने कहा कि इनको कुछ कहने की जरूरत नहीं। फिर उसका मजाक ही होता रहा। हमारे पास लाल किला में एक दिन वह कहने लगा कि राम सिंह साहब, 'सारे जहां से अच्छा गाओ, वह मुझे बड़ा अच्छा लगता है।' इस तरह की बातें करता था तो हम लोग वीरों में वीर थे लेकिन हमारे में कई गद्दार भी थे और वह छुप कर क्या-क्या करते थे वह भी अपको मैं बता दूं।

जब मैं सिंगापुर से बैंकाक आया तो मुझे नेताजी का हुक्म था कि आप एक हफ्ता बैंकाक में रहेंगे। वहां की जनता से मिलेंगे। बैंकाक से कोई 60-70 मील पूर्व की तरफ एक ट्रेनिंग कैंप भी था। उसका नाम मुझे इस वक्त याद नहीं है। बैंकाक में सरदार ईश्वर सिंह इंडियन इंडिपेन्डेस लीग के चेयरमेन थे। जब मैं वहां गया तो उन्होंने मेरा बड़ा स्वागत किया। टाउन हाल में एक बड़ी भारी मीटिंग रखी गई और उसमें जनरल अलागाप्पन साहब और गुलजारा सिंह साहब और तीसरे एक कर्नल साहब पहुंचे थे स्वराज देश से-- अंदेमान और निकोबार आईलैण्ड जिसका नाम शहीद एण्ड स्वराज आइलैण्ड रख दिया था।

मुझे वहां के नागरिकों ने स्वागत करते हुए एक सोने का तगमा दिया। मैंने कहा कि मुझे तो इसकी जरूरत नहीं थी। सोने के तगमे तो उनको मिलने चाहिए जो फ्रंट पर शहीद हो रहे हैं। मैं तो अभी आया हूं और गीतों से आप लोगों का मनोबल बढ़ा रहा हूं। जब तक मैं इन गीतों के मुताबिक काम नहीं कर पाऊंगा तब तक मैं इसका हकदार नहीं हूं, यह मैंने कहा। फिर मैं वहां हर घर में, हर जगह, हर कैंप में जाने लगा और थोड़ा नेताजी फण्ड भी इकट्ठा हुआ। फिर ईश्वर सिंह साहब ने कहा कि राम सिंह कैंप में भी जाना होगा, चलो। फिर हम कैंप गए, 60-70 मील दूर। हम वहां शाम को पहुंचे। रात भर मैंने ट्रेनिंग कैंप के जवानों को, कदम ताल करके कौमी तराने, 'शुभ-सुख चैन की बरखा बरसे और कदम-कदम बढ़ाए जा, ये दो गीत सिखाए।

दूसरे दिन जब मैं वापस लौट रहा था तो बालक सेना कहने लगी कि हम भी आपके साथ चलेंगे। हमारा बालक सेना दिवस है। फिर ईश्वर सिंह ने नेताजी को प्रार्थना पत्र लिखा कि मुझको कुछ और दिन वहां रहने की इजाजत दे दी जाए। तो मैं कुछ और दिन वहां ठहरा। उसके बाद जब मेरा जाने का टाइम आया तो मेरे लिए एक विमान का इंतजाम किया गया। जापानियों का कोई विमान जाता था। उससे मैं जल्दी रंगून पहुंच पाऊंगा इसलिए मेरा उसमें इंतजाम किया गया। मैं जाने के लिए जापानी हैडक्वार्टर में रिपोर्ट करता था और फिर विमान में बैठ जाता था। वह इधर-उधर घूम कर फिर वापस बैंकाक लौट आता था, क्योंकि उसको रंगून में उतरने की जगह नहीं मिलती थी, लाइन साफ नहीं मिलती थी, रास्ते में अमरीकन विमान, ब्रिटिश विमान आ रहे होते थे, ऐसा मालूम होता था तो आगे जा नहीं पाते थे। जब दो-तीन दिन ऐसे ही होता रहा तो मैं एक दिन वापस नहीं आ पाया, विमान किसी दूसरी जगह उतर गया, मुझे मालूम नहीं कहां। फिर जब वह विमान लौटा तो हम वापस बैंकाक गए।

तो इस तरह से जब मैं एक दिन पूरा 24 घंटे बैंकाक नहीं लौटा, तो सारे बैंकाक में मेरे खिलाफ नारे लगे। हरेक घर में, हर दुकान में चर्चा थी कि वह आया था न राम सिंह, वह बड़ा 'कदम-कदम बढ़ाए जा गाता था, 'वह यह करता था, साला पकड़ा गया, जापानियों ने पकड़ा उसको। हवाई जहाज में जा रहा था, उसके पास ट्रांसमीटर था, उसको पकड़ लिया और काट दिया गया। आईएनए में ऐसे लोग भी थे जिन्होंने सबको मेरे खिलाफ कर दिया। एक हफ्ते बैठकर, लोगों के दिलों में मैंने जो जोश और प्यार जगाया था वह उन्होंने एकदम खत्म कर दिया। लेकिन रात को तो मैं फिर बैंकाक पहुंचा।

फिर सुबह जब मैं अपने अफसर मैस में गया तो लोग देखते ही बोले कि अरे राम सिंह, यार तुम कहां? मैंने कहा ऐसा-ऐसा हुआ, अरे यार, यहां तो ऐसी-ऐसी बातें हुई, मैंने कहा क्या हुआ। ऐसा-ऐसा कहां से सुना? फिर मैंने कहा, अच्छा अभी इसका इंतजाम करता हूं। वहां एक गोरखा था शेर सिंह। लोगों ने कहा उसके मुंह से सुना। तो मैं शेर सिंह के घर गया। शेर सिंह कई सालों से बैंकाक में रह रहा था। उसकी बीबी भी वहीं की थी, बच्चे भी वहीं के थे। मैं जब उनके यहां गया तो मैंने उनको प्रणाम किया। वह बोला अरे बाबा, अरे तिम जिंदा छो,? हे भगवान, यानी आप जिंदा है?

मैंने कहा पिताजी, मैं उन्हें पिताजी कहता था, कल आप मेरे साथ ग्यारह बजे दफ्तर चलेंगे। मैंने आज ईश्वर सिंह को फोन कर दिया है। कल वहां आपको साफ-साफ कहना होगा कि यह बात किसने कही। मेरे जाने के बाद आपको इस बात पर कोई मार दे, आपकी बोटी-बोटी उड़ा दे, उसकी फिक्र नहीं करना, लेकिन यह कहना होगा। यहां मैंने जितना काम किया वह सब मिट्टी में मिला दिया। उन्होंने कहा अच्छा बाबू, हम जरूर कहेंगे। फिर मैंने ईश्वर सिंह साहब को टेलीफोन किया-वह आजकल कलकत्ता में हैं, बहुत बड़े जरनल मरचेंट हैं, उनकी बहुत बड़ी दुकान है, वहां भी कारोबार अच्छा था, वह चेयरमैन थे।

'सर, मैं राम सिंह बोल रहा हूं, मैं आ गया हूं। वह बोले कि अरे राम सिंह, तुम आ गए, तुम कहां हो? मैंने कहा सर, मैं अभी दफ्तर आ रहा हूं। वह बोले आ जाओ यार, तुमने सुना कुछ? मैंने कहा हां, सब कुछ सुना,' ही वाज वैरी सैड, बड़े दु:खी हुए। मैं दफ्तर में गया, ठक-ठक किया, मैं बोला राम सिंह जी, वह बोले आओ-आओ, अन्दर आओ। फिर वह बोले कि राम सिंह, यह रिवाल्वर है, इसमें छ: राउंड भरे हुए है, और 12 गोलियां और हैं, जिस-जिस को तुम खत्म करना चाहते हो कर दो और आखिरी गोली मुझे धर देना।

मैंने कहा क्यों? बोले क्यों क्या, अब क्या कहा जाए, तुम्हारे लिए यहां ऐसा-ऐसा कहा गया। यहां के लोग ऐसे हैं, नेताजी को भी ऐसे कहते हैं। मैंने कहा ईश्वर सिंह साहब, मैं वह काम करके जाऊंगा कि आईदा यह बात नहीं होगी। मैंने पूछा कि आखिर ऐसा हुआ क्यों? जिस दिन मैं बैंकाक पहुंचा उसी दिन मेरे पास एक आदमी टोपी, दाढ़ी लगाकर आया था, मुझसे बोला आदाब अर्ज है, इस खाकसार को आप पहचानते हो। मैंने कहा आइए जनाब, कौन हैं आप? वह बोला जनाब, मैं आपको बचाने आया हूं। आप बैंकाक में आए हैं लेकिन यहां तो जापानियों को खुशी हो रही है, आप जापानियों के लिए काम कर रहे हैं, आप आईएनए के कुछ नहीं है। मैंने कहा तुम होते कौन हो? वह बोले अरे, तुम्हारे खासकसार हैं, तुमको बचाने के लिए आए हैं। मैंने पूछा कि अब मैं क्या करूं? तो वह बोले कि अरे अभी आपके लिए सबमरीन तैयार है, इसी वक्त आपको भारत भेजते हैं। मैंने कहा शुक्रिया, माफ करिए। तो ऐसे-ऐसे लोग वहां मिले हैं और इससे आप अंदाजा लगा सकते हैं कि वहां हमारी क्या हालत हुई होगी।'

फिर भी मैंने ईश्वर सिंह साहब को छोड़ा नहीं, कहा, चलो ईश्वर सिंह साहब ने फांइनांस के जो इंचार्ज थे शर्माजी, उनसे पूछा कि आपके भतीजे से यह बात हुई? वह बोला पता नहीं, साहब। फिर मुझसे बोला राम सिंह इस मामले को यहीं खत्म कर दो। मैंने कहा कि मैं खत्म नहीं करूंगा, नहीं तो बड़ी भारी बदनामी होगी और हमारे मूवमेंट में बड़ी गड़बड़ी हो जाएगी। हम जाएंगे। जब हम लोग शहर में गए। वहां किसी से पूछा तो उसने कहा इस लड़के ने कहा। उससे पूछा क्यों रे तूने कहा? वह बोला मैंने कहां-कहां? किसी दूसरे का नाम लगा दिया। इसी तरह लोग एक-दूसरे का नाम लगाते रहे और इस तरह 30-40 दुकानों में पूछताछ कर डाली। और 200-250 आदमियों के नाम लगने लगे। तो ईश्वर सिंहजी कहने लगे कि राम सिंह, यह तो ऐसे ही है भईया, आखिरकार किसी गरीब भैय्ये मतलब ग्वाले लोग, वहां ग्वाले लोग बहुत थे। अन्त में एक आदमी जो खद्दर का कपड़ा बेचता था, छोटी सी दुकान थी उसके ऊपर बात आई, कहा कि इसने कहा था साहब। मैंने कहा ओह, इन्होंने कहा था? वह आदमी बोला राम सिंहजी...। मैंने उससे कहा कि आपने कहा भी है तो भी नहीं कहा, समझे महाराज, कहा है इन्होने, ये जो 200-400 लोग हैं। आपने नहीं कहा, यह मैं जानता हूं। आपके ऊपर इन्होंने यह इल्जाम लगाया है। इस आज़ादी की जंग में, हुकूमत बनने के बाद नेताजी ने कहा था कि जो बलिदानी रबड़ के पेड़ से दूध निकालने वाले बेचारे मजदूर ने की है उसके बराबर कुर्बानी किसी ने नहीं की।

कंस के अत्याचार के जमाने में भी ग्वालों ने कृष्ण की मदद की थी। बाकी सब लोगों को जमा करके मैंने कहा कि आप लोगों को शर्म आनी चाहिए कि आपने ऐसी बात कही है। क्या आपके कहने से ऐसा हो सकता है? हमको अच्छी तरह से काम करने दो। हमें मरने दो अपने देश के लिए, जब हम मरेंगे, मिटेंगे, मुल्क आज़ाद होगा, रहोगे तो तुम ही। तुम क्यों ऐसी-ऐसी बातें करते हो? अभी मैं चाहूं तो तुम सबको गोली से उड़ा दूं लेकिन नहीं, तुम जैसे को क्या मारना, तुम तो खुद ही मरे हुए हो। तो इतनी तकलीफें हुई हैं आज़ादी के रास्ते में।

फरवरी 1945 में जब हमारी फौज ने इम्फाल को कई दिनों तक घेर रखा था उस समय अंग्रेजों की 14 डिवीजन वहां जनरल स्लिम के कमाण्ड में थी। बदकिस्मती से हमारी फौजों को रीइन्फोर्समेण्ट राशन, दवाइयां तथा

गोला–बारूद समय से न पहुंचने के कारण बहुत मुश्किलों का सामना करना पड़ा। बाद में भारी वर्षा होने के कारण हमारे चारों ब्रिगेडों को इम्फाल से पीछे हटने का आदेश हुआ और मजबूर होकर हम लोगों को पीछे हटना पड़ा। रास्ते में हमारे जवान भूखे व प्यासे भी रहे। मलेरिया व पेचिश ने भी हमारे जवानों को बहुत पीड़ित किया। हमारे बहुत से साथी तो लौटते समय रास्ते में ही शहीद हो गए।

रंगून में लौट कर आए हुए जवानों और अफसरों से ये सारी मुश्किलातें जो हमारी फौजों पर गुजरी थी, मालूम हुई। साथ ही यह भी मालूम हुआ कि शहीद होने वाले जवानों का हौंसला सदा ऊंचा रहा। वे बताते थे कि जो भी जवान अपने प्राण छोड़ने लगता था वह अपने 'हैबर सैक' से छोटा सा तिरंगा झण्डा और नेताजी की तस्वीर निकाल कर अपनी नजर के सामने रखकर भारत माता की जय, नेताजी जी की जय, आज़ाद हिन्द फौज जिन्दाबाद और फिर अपने प्यारे तिरंगे झण्डे को मुस्कराते हुए सलामी देकर जय हिन्द कहके अपने प्राण छोड़ता था। उन लोगों ने बताया कि जो भी उनके सामने स्वर्गवासी हुए, उनका उन्होंने मिलकर दाह–संस्कार किया और उन्हें भावभीनी श्रद्धांजलि अर्पित करते आए। मृत्युशय्या पर सोने वाले जवान उन्हें आश्वासन और विश्वास दिलाते रहे कि हमारा भारत आज़ाद होकर ही रहेगा।

नेताजी ने लड़ाई के उतार–चढ़ाव और लड़ाई की सभी परिस्थितियों को समझ कर आज़ाद हिन्द फौज को सुप्रीम कमाण्ड हैडक्वार्टर रंगून से सिंगापुर ले जाना मुनासिब समझा, लेकिन नेताजी के पीछे हटने का रहस्य किसी को भी मालूम नहीं था और न मालूम होने दिया। 24 अप्रैल 1945 को नेताजी ने अपने सुप्रीम हैडक्वार्टर को रंगून से बैंकाक की ओर रवाना कर दिया। यह खबरें उनके रंगून से चले जाने के दूसरे दिन दी गईं। नेताजी का संदेश पेम्फलेट में छाप कर दूसरे दिन ही सुबह कैंपों में ही नहीं बल्कि पूरे रंगून के आईएनए कैंपों में, बाजारों में, गावों में, हवाई जहाज से गिराए गए। उस संदेश में नेताजी ने अपने गम्भीर भाव प्रकट करते हुए कहा था कि मेरे बहादुर भारत के स्वतंत्रता सेनानियों, आज़ाद हिन्द फौज के अफसरान जवान, रानी झांसी रेजीमेंट व बालक सेनाएं मेरे प्रिय रंगून के हिन्दुस्तानी निवासी तथा बर्मी सरकार और बर्मा के समस्त भाई–बहनों को मेरा जय हिन्द। मैं बहुत बड़ा दिल लेकर रंगून से सिंगापुर की ओर आने के लिए मजबूर हुआ हूं।

मेरी हुकूमत ने मुझको हर सूरत में अपने सुप्रीम कमाण्ड हैडक्वार्टर को रंगून से बैंकाक की ओर ले जाने की आज्ञा दी है। अकसर लड़ाइयों के दौरान फौज को, उनके हैडक्वार्टर की, उनकी बेस, डिपो को, आगे-पीछे हटाना पड़ता है। जैसे-जैसे लड़ाई की स्थिति में उतार-चढ़ाव होता है उसी के मुताबिक हमको भी अपने हैडक्वार्टर को हटाना पड़ता है। इसी कारण मैं आज आपको छोड़ कर जा रहा हूं। इसके मायने यह नहीं कि मैं आपसे बिछुड़ रहा हूं, मैं हमेशा आपके साथ हूं और आप ही के साथ रहूंगा। अभी हमारी जंगे-आज़ादी की लड़ाई समाप्त नहीं हुई है। हम तब तक लड़ते रहेंगे जब तक हमारा भारत मुक्कमल आज़ाद नहीं होगा। मैं आज आप लोगों को पूरे विश्वास के साथ संदेश दे रहा हूं कि भारत आज़ाद होगा और होकर ही रहेगा।

अन्त में मैं बर्मा और रंगून, मैमो, मांडले, जियावाड़ी के समस्त भारत के हिन्दुस्तानी भाई और बहनों का हार्दिक धन्यवाद करता हूं कि आप लोगों ने अपनी धन-सम्पति को न्यौछावर करके आने वाले इतिहास में हमेशा-हमेशा के लिए एक उच्चकोटि की मिसाल पैदा की है। अन्त में मैं अपनी सरकार की ओर से कह रहा हूं कि मेरी हुकूमत अपने प्यारे मित्र बर्मी सरकार की सदा आभारी रहेगी जिसने हमारे सुप्रीम हैडक्वार्टर को सिंगापुर से रंगून में स्थापित करने में योगदान दिया। हमारी फौज को रहने के लिए, खाने-पीने, अस्पताल इत्यादि हर सहूलियतों में बर्मी सरकार ने हमें पूरी-पूरी मदद दी। हमारे हैडक्वार्टर और हमारी फौज को सफलतापूर्वक कार्य करने में बर्मी सरकार का हमारे साथ पूरा-पूरा सहयोग हुआ है। हम बर्मी सरकार और बर्मा के सभी भाई-बहनों को हमेशा-हमेशा अपने हृदय में रखेंगे। आज़ाद हिन्द फौज जिन्दाबाद। इन्कलाब जिन्दाबाद। जय हिन्द।

यह संदेश पाकर हम लोगों को बहुत बैचेनी हुई। परन्तु उनके संदेश ने हमें एक नया जोश और साहस भी दिया जिसने हमें सहनशक्ति दी। मैं अपने कमाण्डेट कैप्टन अमरसिंह, फील्ड प्रोपगेंडा यूनिट, आज़ाद हिन्द फौज के पास गया और उनसे कहा कि मैं इस समय अपने आपको बहुत बदकिस्मत समझ रहा हूं। कमाण्डेट साहब ने फरमाया कि क्यों, ऐसी क्या बात है? मैंने कहा कमाण्डेट साहब, आपको तो मालूम ही है कि कल नेताजी भवन से एक चिट्ठी, डाक, रनर, मेरे लिए आया था जिसमें लिखा था कि राम सिंह आज 8 बजे सायंकाल नेताजी भवन में रिपोर्ट करो, तो मैं उस पत्र के अनुसार

ठीक 7:45 बजे नेताजी के एडीसी को रिपोर्ट दी। दो मिनट बाद एक जापानी अफसर, कर्नल, दौड़ा-दौड़ा मेरे पास आया और कहा कि राम सिंह यू कैन नाट मीट नेताजी नाउ, ही इज बिजी। एडीसी साहब ने भी वैसे ही फरमाया कि राम सिंह जी, अभी तो उनसे मिलना मुश्किल ही है।

मैंने उन्हें वह पत्र दिखाया जिसमें मुझे नेताजी भवन आने का आदेश मिला था, तो मुझे उन अफसरानों ने आश्वासन दिया कि आप कल भी आ सकते हैं, क्योंकि आप तो यहां अकसर आते ही रहते हैं और हम भी नेताजी को बता देगें कि आप कल आए थे। तो इससे मुझे पूरा यकीन है कि उस दिन नेताजी की कार्यवाही, अपने सुप्रीम हैडक्वार्टर को रंगून से बैंकाक ले जाने की सूचना, उन अफसरों तक को भी नहीं थी। अगर उन्हें मालूम होता तो वे मुझे नेताजी से मिलने के लिए नहीं रोकते। उनके न रोकने पर भी मैं जरूर रूकता, लेकिन सायं 8:30 बजे मुझे रंगून रेडियो स्टेशन से गोरखाली में न्यूज एण्ड कमेन्ट्री देनी थी और कुछ आज़ाद हिन्द फौज के गानों का भी प्रोग्राम देना था, इसी कारण मैं मजबूर होकर वहां से चला आया। मैंने रेडियो स्टेशन पर रात 10:30 तक प्रोग्राम दिया।

उस दिन नेताजी भवन में मैंने एक और आश्चर्यजनक बात देखी, वह यह थी कि करीम गनी खां साहब जिनकी हुकूमत के दायरे में नेताजी ने रंगून में 16 अप्रैल 1945 को गिरफ्तार किया था वह वर्दी पहने हुए बाहर एक कोने में खड़े थे। उनका चेहरा बहुत मुर्झाया हुआ दिख रहा था। मुझे उनको नेताजी भवन में देखकर बहुत आश्चर्य हुआ और मैं सोच नहीं सका कि आखिर यह बंदी हुआ आदमी यहां बिना गार्ड के खुला कैसे खड़ा है। नेताजी मुझे भी हमेशा कहते थे कि हम अंग्रेजों से आखिरी कतरा खून रहने तक लड़ेंगे। तो मैंने सोचा कि हो सकता है आज हमारी तमाम रंगून ब्रिगेड अंग्रेजों की फौज के ऊपर चढ़ाई करने जा रही है और इसलिए नेताजी ने मुझे यहां बुलाया है और वह मुझे भी कोई खास कार्य देंगे। खैर, मैंने करीम गनी खां से बात-चीत करना मुनासिब नहीं समझा और एडीसी साहब को जय हिन्द करके रेडियो स्टेशन प्रोग्राम देने चला आया। बाद में मालूम हुआ कि नेताजी अपनी कानवाई के साथ करीम गनी साहब को भी ले गए थे। वह उन्हें अपने साथ क्यों ले गए यह तो नेताजी ही जानते हैं।

बाद में, सुबह 10 बजे हम लोगों को हैडक्वार्टर में बुलाया गया जहां सभी अफसरान मौजूद थे। जनरल लोकानादन साहब ने हम लोगों को बहुत तसल्ली दी और बताया कि इस वक्त हम लोगों की सबसे बड़ी डयूटी रंगून में रहने वाले हिन्दुस्तानी भाई-बहन व बच्चों के जान-माल की रक्षा करना है। उनकी इज्जत-आबरू व जान-माल को कोई नुक्सान न पहुंचा सके और अगर आपको कोई ऐसा हादसा देखने में आए तो उसको वहीं खत्म कर दें। रहा सवाल अंग्रेजी फौजों का सामना करना, इस वक्त अंग्रेजी फौजों ने पूरे रंगून को घेर रखा है, उनके रॉयल एयर फोर्स ने हवाई अड्डे पर कब्जा कर लिया है। समुद्री बेड़े ने भी रंगून को चारों ओर से घेर रखा है और उनकी तोपें रंगून की तरफ निशाना बनाए खड़ी हैं। तो नेताजी की इस कार्यवाही को मदद्-नजर रखते हुए अगर अंग्रेजी हुकूमत हमारी फौज से सुलहनामा चाहती है तो हम बा-इज्जत एक बाहरी की हुकूमत दूसरे बाहरी की हुकूमत से जिस तरह सुलहनामा करती है उसके मुताबिक करेंगे। इन्टरनेशनल लॉज़ के मुताबिक हम अपना तिरंगा झण्डा और एक सुलह का झण्डा लेकर उस मंच की ओर आगे बढ़ेंगे जहां उनकी भी हुकूमत का झण्डा और सुलह का झण्डा लेकर उनकी तरफ से लोग आगे आएंगे। फिर हम लोग हाथ मिलाकर सुलहनामा पर हस्ताक्षर करेंगे। और मुझे नेताजी की इस कार्यवाही को देखकर ऐसा लग रहा है कि अंग्रेजों को यह मानना ही पड़ेगा।

मई 1945 के पहले हफ्ते में अंग्रेज़ फौज पूरी ताकत के साथ रंगून में छा गई थी। फिर इन्टरनेशनल लॉज़ के मुताबिक आज़ाद हिन्द फौज की सरकार के साथ सुलूक किया गया और दोनों हुकूमतों ने अपने-अपने हस्ताक्षर सुलहनामे पर किए। हम लोगों के लिए यह आदेश हुआ कि हर बटालियन, हर विभाग, हर कार्यालय अपनी-अपनी जगह रहें, और जब कोई अंग्रेज़ अफसर उनके यहां आए तो उनके साथ बा-इज्जत पेश आएं। ऐसा ही हुआ। दो-तीन दिन बाद हम लोगों को बैरक से बाहर जाने की मनाही हो गई। रंगून के सैन्ट्रल जेल को खाली करवा कर वहां रंगून जेल का जो बोर्ड लगा था उसे हटवा कर आईएनए सैन्ट्रल बैरक लिख दिया गया था। अंग्रेजों ने एक बजे उस बैरक में इकट्ठा होने का आदेश दिया, जिसमें हमारे सबसे बड़े अफसर जनरल लोकानादन भी मौजूद थे। ग्यारह मई 1945 को मुझे भी आदेश मिला कि मैं अपने फील्ड प्रोपगेंडा यूनिट से आईएनए सेन्टर बैरक में रिपोर्ट करूं।

इससे पहले मैं एक बात बता देना जरूरी समझ रहा हूं कि नेताजी ने 1944 में मेरे लिए आज़ाद हिन्द फौज की तरफ से स्वर्ण पदक देने का निर्णय लिया था। इस निर्णय के बारे में उन्होंने सिंगापुर की एक बड़ी सभा में कहा था। वह स्वर्ण पदक मेरे सिंगापुर से रंगून आने के बाद सिंगापुर हैडक्वार्टर ने सुप्रीम हैडक्वार्टर रंगून को भेज दिया। नेताजी चाहते थे कि वह स्वर्ण पदक भारत के ऐतिहासिक दिन पर बड़ी परेड करके, हुकूमत मुझको प्रदान करे। तो उस परेड की तैयारी नेताजी ने रंगून में ही करने का निर्णय लिया। रंगून आकर मैंने आज़ाद हिन्द स्टेट आर्केस्ट्रा तैयार की थी, जिसमें 35 छात्र-छात्राएं व जवान सम्मिलित थे। इसके अतिरिक्त मैमो, मांडले में नेहरू ब्रिगेड से आज़ाद हिन्द फौज का ब्रास बैण्ड अटैच था। नेताजी ने उस बैण्ड को भी इस अवसर के लिए बुलवा लिया। समस्त बैण्ड व आर्केस्ट्रा के लिए नई वर्दी, सफेद गाबरडीन की ट्यूनिक व पैंट तथा बैरिक बनाई गई। इस अवसर के लिए काफी तैयारी की गईं। यह अप्रैल 1945 के पहले सप्ताह की बात है। मुझे इस बात का काफी अफसोस है कि मैं अपने आप को बदकिस्मत कहूं या क्या कहूं, कारण न तो मैं उस रात को नेताजी के साथ बैंकाक जा सका और न ही मैं उनके कर-कमलों से स्वर्ण पदक अपनी छाती पर लगवा पाया। कुछ लड़ाई की स्थिति ऐसी बनी कि वह प्रोग्राम स्थगित हो गया। जनरल लोकानादन ने एक मई को सुप्रीम हैडक्वार्टर में तमाम आईएनए अफसरों को बुलाकर उस स्वर्ण पदक को मुझे पहनाने की रस्म की। स्वर्ण पदक किस वीरता पर मुझे दिया जा रहा था उसे नेताजी लिख गए थे, तो वह पढ़ कर सुनाया गया। नेताजी ने लिखा था-आज हम अपनी आरजी हुकूमत व सुप्रीम कमाण्ड आज़ाद हिन्द फौज की तरफ से कैप्टन राम सिंह को उनकी संगीत रचना के लिए यह पदक दे रहे हैं। ख़ासतौर से उनके द्वारा बनाए गए आज़ाद हिन्द फौज के सभी कौमी तराने और आज़ाद हिन्द फौज का राष्ट्रीय गान कौमी तराना जिसको हुकूमत ने बंगला भाषा से हिन्दी में अनुवाद किया। इस गीत को आज़ाद हिन्द फौज ने और पूर्व एशिया में बसे हुए 30 लाख हिन्दुस्तानियों ने मिलकर एक स्वर में गाया। वह इस प्रकार था-

शुभ सुख चैन की बरखा बरसे,
भारत भाग्य है जागा।

इसकी धुन और आज हमारे भारत के राष्ट्रीय गान की धुन में कोई अन्तर नहीं है। आज़ाद हिन्द फौज के राष्ट्रीय गान की धुन 21 अक्तूबर 1943 को

सिंगापुर की कैथे बिल्डिंग के हाल में सबसे पहले बजी थी और वहां राष्ट्रीय गान गाया गया था। जिस दिन हमारी आरजी हुकूमत बनी थी उस दिन की यह प्रथम धुन है। बाद में यह गीत गाते हम भारत आए। भारत में आकर मुझे जेल से रिहा करने के बाद 21 मई 1946 को दिल्ली में आईएनए सैन्ट्रल रिलीफ कमेटी की पहली मीटिंग के लिए बुलाया गया। टेलीग्राम में लिखा था: कम विद योर वायलिन विच इज गिवन टू यू बाई नेताजी सुभाष चन्द्र बोस।'

हमारे जनरल लोकानादन साहब के कर-कमलों द्वारा सुप्रीम कमाण्ड आज़ाद हिन्द फौज के दफ्तर में समस्त आज़ाद हिन्द फौज के अफसरानों के सामने मुझे स्वर्ण पदक प्रदान किया गया। मेरी आंखों से खुशी के और दुख के आंसू बह रहे थे। दुख इस बात का कि न तो मैं नेताजी के साथ जा पाया और न ही उनके हाथों से मैडल प्राप्त कर सका। लेकिन बेहद खुशी इस बात की हुई कि आज़ाद हिन्द फौज के एक महान वीर जनरल लोकानादन के कर-कमलों द्वारा मेरी छाती पर मैडल सजाया गया जिसे मैं हर वक्त नेताजी की याद में ताबीज के रूप में पहने रखता हूं और जनरल लोकानादन साहब को नेताजी का स्वरूप समझता हूं।

जिस दिन मैं आईएनए सेन्टर बैरक रंगून सेन्ट्रल जेल पहुंचा और जनरल लोकानादन साहब की अपने आने की सूचना भेजी तो उन्होंने तुरन्त मुझको बुलाया और कहा कि राम सिंह आपके आने की हम सबको बहुत खुशी हुई है, वायलिन अपने साथ लाए हो। मैंने कहा, जी हां लाया हूं, यह तो हमेशा मेरे साथ रहती है। वह बोले राम सिंह यहां भी हम लोग आपकी जरूरत समझ रहे हैं। आज़ाद हिन्द फौज में जो तमाम वाद्य हैं वे कहां है? मैं अंग्रेज़ अधिकारियों को पत्र लिखूंगा कि वे साज जवानों सहित हमारे साथ भेज दिए जाएं। अब हम नहीं जानते कि हम अपना सौराज्य देश, शहीद देश, अंदेमान निकोबार, कहां ले जाते हैं। लेकिन जहां भी जाएंगे वहां आपका बैण्ड आज़ाद हिन्द फौज का कौमी तराना व 'कदम-कदम बढ़ाये जा, खुशी के गीत गाए जा' बजाते गाते रहेंगे जिससे हमारा मनोबल सदा देश की आज़ादी के लिए बना रहेगा और हमारे दिलो-दिमाग में ताजगी बनी रहेगी। परन्तु साज नहीं दिए गए।

13 मई 1945 को हमारा पहला ज़हाज रंगून से रवाना हुआ और 18 मई 1945 की सुबह 10 बजे कलकत्ता में फोर्ट विलियम के सामने हावड़ा में रूका। वहां हम लोगों को आदेश मिला कि कोई भी ज़वान किसी किस्म

की हरकत या इन्कलाब जिन्दाबाद इस किस्म के नारे नहीं लगाएगा। अगर किसी ने आदेश का उल्लंघन किया तो उसे गोली मार दी जाएगी। हमने अपना अनुशासन सही रूप से बरकरार रखा। थोड़ी देर में हम लोगों को सख्त निगरानी में ब्रेनगन, स्टेनगन से तने हुए हमारी हिन्दुस्तानी फौज के गार्ड के साथ मोटरों में बैठा कर हावड़ा ब्रिज ले जाया गया। वहां हमें चाय पिलाई गई। बाद में हिन्दुस्तान गार्ड को हटाकर गोरे सार्जेन्ट पुलिस हमारी निगरानी पर लगे। कुछ देर बाद हम लोगों को रेल में बैठा कर शाम को 4 बजे जिगर-गिच्छा टैन्ज्यिन कैंप में उतारा गया। वहां हमें कैंप के अन्दर रहने की जगह दी गई। और हमारे भोजनालय के लंगर को यूनिट और कौम के मुताबिक अलग-अलग चलाने का आदेश दिया। हम लोगों ने उस आदेश का उल्लंघन किया और कहा कि हम लोग कौम परस्त नहीं हैं जो हमें एक-दूसरे कौम से अलग कर रहे हैं।

आज़ाद हिन्द फौज में सिर्फ एक ही कौम मानी जानी है और हिन्दू, मुस्लिम, सिख, ईसाई का कोई सवाल नहीं है। हम सब अपने को हिन्दुस्तानी समझते हैं। तो कैंप कमाडेण्ट ने कहा कि तुम लोगों ने अपनी कौम का सत्यानाश कर दिया है, हम जो आदेश देते हैं उस पर पूरा-पूरा अमल करो। लेकिन लोगों का जब खाना तैयार हो जाता था तो हम लोग एक साथ मिलकर, बैठ कर, बांट कर खाते थे जैसा कि नेताओं ने हमको प्यार के साथ खाना सिखाया था। हमारी इस मुहब्बत को देखकर अंग्रेज़ अफसरान व जवानों को बड़ा ताज्जुब होता था।

दूसरे दिन सुबह हम लोगों के सारे सामान की तलाशी ली गई और हमारे हाथ की घड़ियां, फोटो एलबम बगैरह ले लिए गए। मेरे पास चांदी का एक सिगरेट केस था जो मुझे सिंगापुर में एक थीवी साहब जो फॉर ईस्ट एशिया में इंडियन इंडिपेडेंस लीग के चेयरमेन थे ने अपने कर-कमलों से जनवरी 1944 में नेताजी के जन्म दिवस के उपलक्ष्य में भेंट की थी। उसके साथ दो स्वर्ण पदक भी थे। दूसरा स्वर्ण पदक बैंकाक में जब मेरा सम्मान किया था तो वहां मुझे सरदार ईश्वर सिंहजी ने, जो बैंकाक में इंडियन इंडिपेडेंस लीग के चेयरमेन थे, दिया था। इसके साथ मेरी अपनी वायलिन थी जो नेताजी ने मुझे अपने कर-कमलों द्वारा अगस्त 1943 में भेंट की थी और जिसे मैं आज भी समय-समय पर होने वाले समारोह में बजाया करता हूं।

नेताजी ने वह वायलिन देते समय मुझे आशर्वाद देते हुए कहा था कि यह वायलिन जो इस समय में आपको भेंट कर रहा हूं इस पर जिस दिन हमारी आरजी हुकूमत बनेगी, उस दिन आज़ाद हिन्द फौज का राष्ट्रीय गान कौमी तराना बजाया जाएगा। और यह कौमी तराना और कौम के जोशीले गीत गाते हुए भारत वर्ष पहुंचेगा। जब भारत आज़ाद होगा तो उस दिन लाल किला में तिरंगा झण्डा लहराया जाएगा तब भी आप इस वायलिन से अपना कौमी तराना बजाएंगे और गाएंगे।

तो हम लोगों की तलाशी में हमारा सभी सामान और मेरी वह वायलिन, चांदी का सिगरेट केस और दोनों सोने के तगमे छीन लिए गए और उन्हें उन्होंने अपने स्टोर में रख कर ताला बन्द कर दिया। मैंने उन अफसरानों से प्रार्थना की कि ये मेरा निजी सामान है, लेकिन उन्होंने देने से इंकार कर दिया। दोनों सोने के तगमों पर मेरा नाम और देने वाले का नाम, सिंगापुर और बैंकाक लिखा हुआ था। चांदी के सिगरेट केस के बाहर इंडियन इंडिपेडेंस लीग फार ईस्ट एशिया लिखा हुआ था और अन्दर कैप्टन राम सिंह, म्यूजिक डायरेक्टर ऑफ आज़ाद हिन्द फौज लिखा था, तथा उसमें वह भी लिखा था कि यह क्यों दिया जा रहा है।

दूसरे दिन हमारे हिन्दुस्तानी अफसर हमारे कैंप में आकर हम लोगों से मिले और हमें कहा कि आप लोग आईएनए बिल्कुल भूल जाएं। हम सभी जवानों का छोटा–मोटा बयान लेंगे, लेकिन आप लोग आईएनए में जाने का कतई नाम न लें। हम आप लोगों को जल्दी–से–जल्दी यहां से भेजने की पूरी कोशिश करेंगे, ताकि आप लोग इतने सालों के बाद अपने बच्चों से मिल सकें। आप लोगों को अपने बच्चों से मिलकर कितनी खुशी होगी इसका अन्दाजा आप लोग खुद लगा सकते हैं। हमें उन अफसरानों ने फुसला–फुसला कर आज़ाद हिन्द फौज और आज़ाद हिन्द सरकार के विरुद्ध करने की कोशिश की। उन्होंने अपनी बातों से हमारे दिलो–दिमाग़ में पूरी ताकत से खलबली करने का प्रयास किया। परन्तु जिस दिल में नेताजी की मोहर लग गयी हो, वह भला कैसे आज़ादी के रास्ते को बदल सकता था, यह नामुमकिन था। हमने अपने बयान में बस एक ही बात कही कि हम कुछ साल पहले अंग्रेजी फौज में थे। जब पूर्व एशिया में जापानियों के साथ हम लोग लड़े और 15 फरवरी 1942 को जब ब्रिटिश साम्राज्य ने जापान के आगे हथियार डाल दिए और

हम सबको जापानियों के हवाले कर दिया तो हम जापान के बंदी हो गए। उस कैद की जिंदगी से पूर्व एशिया में, खासकर सिंगापुर में, भारत की आज़ादी की लहर उमड़ पड़ी। आकाश से स्वतंत्रता संग्राम की लड़ाई का नगाड़ा बादल की गरज में गरजने लगा, उस समय कैप्टन मोहन सिंह ने 17 फरवरी 1942 को फारेर पार्क, सिंगापुर में जमा हुए जवानों को...उस समय वहां पच्चास हजार हिन्दुस्तान के जवान व अफसर ब्रिटिश आर्मी में थे, शेर की तरह गरज कर अपने देश की आज़ादी के लिए मर मिटने को कहा। उन्होंने कहा कि आज हम इस कैद की जिंदगी और अंग्रेजों की 200 सालों की ग़ुलामी की जंजीर को तोड़कर भारत माता की स्वतंत्रता के लिए ब्रितानिया साम्राज्य के विरुद्ध स्वतंत्रता संग्राम का सेनानी बनकर मैदान ए-जंग में कूद पड़ेंगे। अपने देश के लिए हर किस्म की कुर्बानी देंगे। बस उनका इतना कहना था कि उन पच्चास हजार अफसरों और जवानों के बीच में भारत माता की जय, महात्मा गांधी की जय, पंडित जवाहरलाल नेहरू की जय, बाबू सुभाष चन्द्र बोस की जय के नारों से धरती-आकाश गूंज गया।

उस उत्साह को देखकर जापानी हाई अथॉरिटी लैफ्टिनेंट जनरल फूजीवारा जिसने जापान का प्रतिनिधि बनकर हिन्दुस्तानी फौज को अंग्रेजी हुकूमत से अपने अधिकार में लिया था, उन्होंने कैप्टन मोहन सिंह के भाषण और उनकी विचारधारा समझ कर हिन्दुस्तानी फौज को जापानी कैदी बनाना न गवारा समझा और तमाम फौज के जवानों को कैप्टन मोहन सिंह के एडमिनिस्ट्रेशन में सौंप दिया। उस समय कैप्टन मोहन सिंह ने मेरी तरफ इशारा करते हुए आदेश दिया कि मैं इन जवानों को कुछ गीत गाकर इनका मनोबल ऊंचा करूं और इनकी लड़ाई की सारी थकान दूर करके एक नए जोश की लहर इनके दिलों में भर दूं। तो मैंने गीत गाए, जो इस प्रकार है-

1. चल चल रे नौजवान, दूर तेरा गांव क्यों न थके पांव,
रूकना तेरा काम नहीं, चलना तेरी शान।
चल चल रे नौजवान।

2. एक नया संसार बसा लें, एक नया संसार।
आओ गाए नए तराने, आज़ादी के प्रीत के गाने,
आज बसन्त बहार देखो, आज बसन्त बहार,
एक नया संसार बसा लें, एक नया संसार।

ऐसा एक संसार कि जिसमें धरती हो आधार,
कि जिसमें जीवन हो आबाद, कि जिसमें भारत हो आज़ाद,
जनता का हो राज जगत में, जनता की सरकार,
एक नया संसार बसा लें, एक नया संसार।
आज मन्दिरों की दीवारें डोल उठी,
आज मस्जिदों की मीनारें बोल उठी,
कहता बारम्बार पुकार-पुकार,
बन्द करो मजहब के झगड़े, आपस की तकरार,
एक नया संसार बसा लें, एक नया संसार।

3. हिन्द माता के तुम्ही संतान हो,
नौजवानों तुम वतन की शान हो।
एक दिल आपस में हो जाओ तुम,
हिन्दू-मुस्लिम एक मां के हो तुम।
देश सेवा में अगर खो जाओगे तुम,
तो चुटकियों में देश का कल्याण हो।
हिन्द माता की तुम्ही संतान हो।

4. खुदाया कैसी मुसीबतों में यह हिन्द वाले पड़े हुए हैं,
गांधी, जवाहर, सुभाष बाबू हिन्द की सेवा में चल रहे हैं।

इन गीतों को सुनकर तालियों से फारेर पार्क और सिंगापुर की इमारतें गूंज उठी और बाद में आज़ाद हिन्द फौज आईएनए बनने का सिलसिला चल पड़ा। दिन-रात हर कैंपों में सभाएं होने लगीं, बड़े-बड़े अफसरान आपस में मिल कर हर यूनिट को संगठित करके उन्हें आज़ादी के लिए आईएनए में सम्मिलत होने का पैगाम देते थे। मैं संगीतकारों की एक टोली बनाकर हर कैंप में जाकर एकता, विश्वास, बलिदानी के जोश भरे गीतों को गाकर जवानों का मनोबल बढ़ाता था। यह सिलसिला बड़े जोरों में रहा।

मार्च 1942 में रासबिहारी बोस, भारत की स्वतंत्रता के महान क्रान्तिकारी नेता सिंगापुर पधारे। रासबिहारी बोस वह हस्ती थे जिन्होंने स्वतंत्रता की क्रान्तिकारी लड़ाई में वायसराय के ऊपर बम फैंका था और भूमिगत रहकर

ब्रिटिश सरकार की आंखों में धूल झोंक कर भारत से चम्पत हो गए। वह जापान पहुंच कर पूर्व एशिया के सभी स्थानों में रहने वाले बड़े-बड़े हिन्दुस्तानियों और क्रान्तिकारियों का संगठन करके भारत की आज़ादी का आन्दोलन अन्दर-ही-अन्दर गुप्त रूप से संगठित करते रहे। फिर उन्हें जिस समय का इंतजार था वह सामने आ गया। रासबिहारी बोस टोकियो से सिंगापुर पहुंचे। उन्होंने तमाम पूर्वी एशिया का इंडियन इन्डिपेन्डेंस लीग का भार सम्भाला और कैप्टन मोहन सिंह से मिलकर तमाम फौजी, अफसरान और जवानों को स्वतंत्रता संग्राम का सेनानी बनाकर भारत को आज़ाद कराने का सन्देश दिया।

जून 1942 में बैंकाक में रासबिहारी बोस के नेतृत्व में एक कान्फरेंस हुई। इसमें आज़ाद हिन्द फौज की बुनियाद डालने, जीओसी बनाने और आज़ाद हिन्द फौज के ब्रिगेड का श्रीगणेश हुआ। वहां कैप्टन मोहन सिंह को आई एनए इंडियन नेशनल आर्मी, का सर्वप्रथम जनरल अफसर कमांडिगं, जीओसी बनाने की घोषणा की। शुरू में चार ब्रिगेड की स्थापना की गई प्रथम ब्रिगेड का नाम महात्मा गांधी के नाम पर गांधी ब्रिगेड, दूसरा पंडित जवाहरलाल नेहरू के नाम पर नेहरू ब्रिगेड, तीसरा मौलाना अब्दुल कलाम आज़ाद के नाम पर आज़ाद ब्रिगेड और चौथा नेताजी सुभाष चन्द्र बोस के नाम पर सुभाष ब्रिगेड रखा गया। उस सभा में जापानी सरकार के भेजे हुए प्रतिनिधि लेफ्टिनेंट जनरल फूजीवारा मौजूद थे। तो अन्त में रासबिहारी बोसजी ने जापानी सरकार से पुरज़ोर दरख्वास्त की कि इस समय सुभाष चन्द्र बोस बर्लिन में हैं। वह कृपा करके जितनी जल्दी हो सके जर्मन सरकार से संबंध स्थापित करके नेताजी सुभाष चन्द्र बोस को पूर्वी एशिया में हमारे बीच लाने का प्रबन्ध करें, तभी हमारा आगे का कार्यक्रम सुचारू रूप से हो सकेगा। जब तक वह हमारे बीच नहीं आते तब तक हम इस नई फौज को जो आज आईएनए के नाम से अपनी मातृभूमि की आज़ादी के लिए खड़ी हो गई है, दिन दुगनी रात चौगुनी शक्तिशाली बनाने में सदा प्रयत्नशील रहेंगे और फौजों के बीच में देश प्रेम का संदेश बराबर देते रहेंगे।

हम लोगों को रंगून से भारत आने के उपरान्त बंदी बना कर भारत के अलग-अलग जेलों में रख दिया गया। मई 1945 के आखिरी हफ्ते में मुझे जिगर-गिच्छा कैंप से मुल्तान कैन्ट जाने का आदेश हुआ। मैंने कैंप कमाण्डेट से अनुरोध किया कि मेरी वायलिन जो मुझसे छीन कर आपके स्टोर में

रखी गई है, कृपा मेरे मुल्तान कैन्ट जाने से पूर्व वह मुझे वापस कर दी जाए तो महान कृपा होगी। जिस दिन से मेरी यह वॉयलिन मुझसे छीनी गई है मैं बहुत चिंतित और दुःखी हूं। मुझे पूर्ण आशा है कि श्रीमानजी मेरी वायलिन को वापस लौटाने में सहमत होंगे। मेरी प्रार्थना को मद्देनजर रखते हुए कैंप कमाण्डेंट महोदय ने मेरी वायलिन मुझे लोटा दी, वायलिन मिलने पर मेरी सारी चिन्ताए, दुःख तुरन्त ही दूर हो गए। बाद में मैं मेरे कुछ साथी जिगर-गुच्छा कैंप से मुलतान कैन्ट की ओर रवाना हुए।

मुल्तान कैन्ट पहुंच कर एक हफ्ता कैंप में रहने के बाद मुझे लाल किला दिल्ली ले जाया गया। लाल किला पहुंचने पर मेरी वायलिन फिर मुझसे छीन ली गई और मुझे कोठरी में बंद कर दिया गया। दूसरे दिन से लाल किला के दफ्तर में मुझसे पूछताछ शुरू हो गई। सीआईडी मुझसे पूछताछ करती थी। इस पूछताछ से पहले सीआईडी के अफसरों ने कहा कि तुम्हारे सभी कारनामे जो तुमने आईएनए में रह कर ब्रिटिश साम्राज्य की हुकूमत के खिलाफ किए हैं और तुम हर हिन्दुस्तानी फौज के बंदी कैंपों में जाकर अंग्रेजों के बरखिलाफ जो प्रचार करते थे, वे पहले से ही हमारी फाइलों में मौजूद हैं जो तुम्हारे सामने मेज पर हैं। खबरदार, हमारे सवाल पूछने पर किसी बात पर भी झूठ बोलने की कोशिश न करना, वरना शिकंजे जड़कर तुमसे सारी बातें उगलवा ली जाएंगी। मैंने कहा श्रीमानजी, मेरे कारनामें जो मैंने आज़ाद हिन्द फौज में रह कर किए और इससे पहले गोरखा इंडियन आर्मी में रह कर किए, मैं तरतीब से कहूंगा, आप लिखना शुरू करें, आपको मुझसे कोई बात पूछने की आवश्यकता नहीं होगी। अपने बारे में मैंने जो कुछ किया है वह जरूर कहूंगा, परन्तू दूसरों के बारे में अगर आप पूछेंगे तो मैं मजबूर होउंगा, में नहीं बता सकूंगा। हां जिस-जिस से मेरा सम्बंध रहा है वह तो मैं कहूंगा ही। फिर मेरी कहानी का सिलसिला शुरू हुआ।

सुबह 8 बजे मुझे हथकड़ी लगाकर दफ्तर ले जाते थे। आठ बजे सुबह से 1:30 बजे दोपहर तक बयान लिया जाता था। यह सिलसिला तीन माह तक चलता रहा। तीन माह बाद मुझे कोठरी से निकाल कर बैरक में रहने का आदेश हुआ। वहां तीन बैरक थीं और आईएनए के बड़े अधिकारियों को सामने एक बंगले में रखा गया था। हम लोग सभी अफसरान व जवान हर रोज सुबह अपने-अपने बैरकों के सामने खड़े हो कर अपने आज़ाद हिन्द फौज

का राष्ट्रीय गीत कौमी तराना 'शुभ सुख चैन की बरखा बरसे, भारत भाग्य है जागा' एक ही आवाज में मिल कर गाते थे।

कुछ दिनों बाद आज़ाद हिन्द फौज के तीनों हीरों, जनरल शाहनवाज खां, कर्नल पी.के. सहगल और कर्नल गुरबख्श सिंह ढिल्लन पर अंग्रेज सरकार ने मुकद्मा चलाने का निर्णय लिया। उस समय पंडित जवाहरलालजी ने भारत का तूफानी दौरा किया और नेताजी का जय हिन्द का नारा हर भारतवासी के दिलों में गुंजाया। उन्होंने आज़ाद हिन्द फौज के लाल किला में बंदी बनाए हुए अफसरों व जवानों तथा मुख्तलिफ जेलों में बंदी बनाकर रखे हुए आईएनए के जवानों की पैरवी के लिए और सबको जेल से रिहा कराने के लिए धन इकट्ठा करने की प्रार्थना की। पहले दिन जब इन तीनों आईएनए के बहादुर अफसरों को ट्रायल के लिए लाल किला के बैरक नंबर एक में, जहां मुकद्दमा चलाने का कोर्ट बना था, ले जाया गया तो वहां भारत की डिफेन्स कमेटी की तरफ से तेज बहादुर सप्रू, भूलाभाई देसाई, केएन काटजू, सरदार पटेल, मौलाना अबुल कलाम आज़ाद तथा उच्च कोटि के वकील पहुंचे थे। कोर्ट के सामने पेशी होने से दस मिनट पहले पंडित जवाहरलाल नेहरूजी ने गाऊन पहन कर कोर्ट में प्रवेश किया। पंडितजी के प्रवेश पर उपस्थित जनता ने तालियों की गूंज से एक नया समा बांध दिया। तेज बहादुर सप्रू ने भूलाभाई देसाई को हंसते हुए पंडितजी की तरफ इशारा करते हुए कहा, अहा, देखिए, आज की सभा में पंडितजी बैरीस्टरी गाऊन पहन कर आए हैं। तो पंडितजी ने हंसते हुए कहा कि मैंने बैरीस्टरी पास ही आज के दिन के लिए की है इसलिए यह गाऊन मैंने आज पहना है और फिर कभी नहीं पहनूंगा। फिर तालियों की गूंज उमड़ पड़ी। अब कोर्ट कार्यक्रम शुरू हुआ, दोनों तरफ सवालों और जवाबों की गर्मा-गर्मी रही। जो सवाल-जवाब कोर्ट में होता था वह तमाम भारत के अखबारों में छप जाता था और तमाम दुनिया वालों को लाल किला में हुए आईएनए ट्रायल का समाचार मिल जाता था। पंडितजी ने इस प्रथम ट्रायल का सारा भार भूलाभाई देसाई को सौंप दिया, जिसमें तेज बहादुर सप्रू, डा. काटजू तथा और भी उच्चकोटि के वकीलों ने भूलाभाई देसाई की पैरवी करने में योगदान दिया।

मुकद्दमे की समाप्ति के कुछ महीने बाद भूलाभाई देसाई ने आज़ाद हिन्द फौज के इन तीनों बहादुरों को बेकसूर साबित करके कोर्ट के सामने अपना आखरी तर्क प्रस्तुत किया और फिर वह दोपहर को हवाई जहाज से बम्बई चले गए।

उसी दिन कोर्ट के दरबार हाल में अंग्रेज़ सरकार ने अपना फैसला सुना दिया 'दे आर ऑल गिल्टी' ये सब कसूरवार ठहराये जाते हैं। मुझे उस दिन की बात याद आती है जब हमारे ये तीनों बहादुर अफसर मुकद्मे के लिए ले जाए जा रहे थे तो हम सभी लोगों ने उनकी विजय की शुभ कामना की और जय हिन्द करके उनका स्वागत किया था। जनरल शाहनवाज खां साहब की भविष्यवाणी मैं कभी नहीं भूलुंगा। एक दफा उन्होंने ट्रायल के लिए जाते समय कहा था कि साथियों, अगर खुदा को मंजूर होगा और नेताजी का आशीर्वाद हम पर बरकरार रहेगा तो हम लोग इस लाल किले से हाथ में तिरंगा झण्डा लेकर, लाल किला का दरवाजा खोल कर अपने प्रिय मित्रों, परिवारों और नेताओं को मिलने निकलेंगे।

तो कुछ ही दिनों बाद इन तीनों बहादुर अफसरों को आदेश मिला कि उन्हें अपना सामान लेकर आधे घंटे के अन्दर यहां से चले जाना है, लेकिन उन्हें यह नहीं बताया गया कि कहां जाना है। थोड़ी देर में सरकारी गाड़ी आई और वे तीनों हंसते-हंसते जय हिन्द कहते हुए हमसे विदा हुए। उनके जाने के एक घंटे बाद हमें पल्टन 4/9 गोरखा के सुबेदार मल्ल साहब जो हमारे कैंप की गार्ड के इन्चार्ज थे, हंसते हुए हमारे बीच आए और हम लोगों को बधाई दी। उन्होंने इन तीनों बहादुर अफसरों के विषय में सब कुछ बताया कि इन तीनों बहादुर को सीधा कोर्ट दरबार में ले जाकर पेश कर दिया जहां अंग्रेज़ के बड़े जज और दिल्ली सरकारी अफसरान मौजूद थे। कोई ने इन तीनों को सामने खड़ा करके फैसले को इनके सामने पढ़ कर सुनाया। ये तीनों फैसला सुन कर हक्का-बक्का से रह गए और चुपचाप खड़े रहे, ना इनके चेहरे पर मुस्कुराहट, न माथे पर कोई शिकन, जैसे थे वैसे ही खड़े रहे। तो चीफ जज ने हैरानगी से इनसे पूछा आपने वह सुना जो पढ़ कर सुनाया गया, तो तीनों ने एक साथ गम्भीर भाव से कहा हमारी समझ में कुछ भी नहीं आया, हम कुछ नहीं समझ पाए कि आपने क्या पढ़ कर सुनाया। तो चीफ जज मुस्कुराते हुए बोले मैं फिर एक बार सुनाता हूं, आप लोग सरकार के फैसले को कृपया ध्यानपूर्वक सुनने की कृपा करें।

फैसला इस प्रकार का था: आप लोगों ने ब्रिटिश साम्राज्य की फौज में रह कर बादशाह सलामत ब्रितालिया साम्राज्य के विरुद्ध हिन्दुस्तान की आज़ादी के लिए संघर्ष किया। इस पर बारीकी से विचार करने के उपरान्त

ब्रिटिश एम्परेर ऑफ इंडिया ने आप तीनों को रिहा कर देने का आदेश कर दिया है। अब आप यहां से इस समय जहां भी जाना चाहते हो हम वहां आप लोगों को पहुंचाने का इंतजाम कर देंगे। तब तीनों के चेहरे पर मुस्कराहट दिखाई दी। चीफ जज ने अपनी कुर्सी से उठ कर इन तीनों बहादुरों को बधाई देते हुए हाथ मिलाया। बाद में उपस्थित अफसरों ने तीनों अफसरों से हाथ मिलाया और पूछा कि आप लोगों को अब कहां पहुंचाएं। इस पर इन्होंने कहा कि हमें इस समय डा. एस.एस. ‘भटनागर के यहां 28, बाराखम्बा रोड पहुंचा दें। लाल किला से बाहर निकलते ही ये शुभ समाचार सारी दिल्ली में उसी वक्त फैल गया। आल इंडिया रेडियो, दिल्ली ने इन तीनों की रिहाई का समाचार शाम की खबर में दिया। इस समाचार के छपने से देश में कितनी खुशी हुई होगी उसका मुझे ज्ञान नहीं।

सबसे पहले कांग्रेस के अध्यक्ष तथा अन्य नेताओं ने फूल-मालाओं से इन तीनों का स्वागत किया। छात्राओं ने अपने अंगूठे के खून से इनके माथों पर तिलक लगाया और आरती उतारी। पूरी दिल्ली में दीप जलाए गए, रोशनियां की गईं, मालूम होता था दिवाली का उत्सव मनाया जा रहा है। ये तीनों सीधे पहले बाल्मीकी आश्रम में पूज्यनीय महात्मा गांधीजी से आशीर्वाद लेने के लिए गए। आश्रम में पहुंच कर तीनों ने जय हिन्द करके बापूजी के चरणों में प्रणाम किया। बापूजी ने उन्हें आशीर्वाद देते हुए कहा कि अब आप तीनों सीधे अपने घर जाएं। आपके माता-पिता व परिवार जन आपकी राह देख रहे होंगे। बापूजी का आशीर्वाद पाने के बाद ये अपने माता-पिता के चरणों में पहुंचे। भारत के सभी प्रांतों ने इन तीनों का भव्य स्वागत किया। बाद में जितने लोग लाल किला में बंदी थे उन सबको दिल्ली कैन्टोनमेंट, काबुल लाइन में भेजा गया। वहीं हमारे कुछ अफसरों का ट्रायल होना था जिसमें कर्नल बुराहुद्दीन बहादुर ग्रुप आज़ाद हिन्द फौज, मेजर पूरन सिंह, कैप्टन सिंगधारा सिंह, कैप्टन फत्ते खान, कर्नल अब्दुल यींद थे। इन सभी को कैन्टोनमेंट कोर्ट ने सात-सात साल की कड़ी सजा दी।

जिस समय हम लोग काबुल लाइन कैन्टोनमेंट में बंदी थे, एक दिन शाम को करीबन 7 बजे हम लोगों को एक अंग्रेज़ अफसर ने आकर बताया कि हम लोग सब ठीक ढंग से कपड़े पहन लें कोई बहुत बड़ा आदमी मिलने आ रहा है। हम सब तैयार होकर बैठ गए कि वह कौन हस्ती है जो हम जैसे

कैदी से मिलने आ रही है। इंतजार कर ही रहे थे कि हमारे बैरक के सामने दो-तीन कारें आकर खड़ी हो गई। पहली कार पर आर्मी जनरल का झण्डा लगा हुआ था। फिर पुण्य बापूजी जनरल की कार से उतरे। सरदार वल्लभभाई पटेल, रघुनन्दन सरन, आर्मी जनरल और बड़े-बड़े आर्मी अफसर साथ थे। बापूजी सबसे पहले हमारी बैरक में आए। हम सब लोग एक कतार में खड़े थे। बापूजी के गेट में प्रवेश होते ही हम लोगों ने महात्मा गांधी की जय, 'भारत माता की जय, 'नेताजी की जय, 'नेहरूजी की जय' के नारों के साथ-साथ जय हिन्द कह कर उनका स्वागत किया। बापूजी जय हिन्द कह कर सामने खड़े हो गए और हम लोगों को सम्बोधित करते हुए बोले कि अंग्रेज़ सरकार की बड़ी कृपा हुई जो वह आप लोगों से मिलने के लिए मुझे यहां ले आई। मैं इस समय आप लोगों से मिलने आया हूं। मैं जिसके सामने जाऊं वह अपना नाम व ग्राम, कहां के रहने वाले हैं, बताने की कृपा करें। तो जब बापूजी हमारे सामने आए तो हमने अपना नाम, ग्राम, जिला, प्रांत बताया। उसके बाद वह दूसरे कैंप में गए। वहां भी इसी तरह से उनका स्वागत हुआ और सभी ने अपना नाम, ग्राम व जिला बताया। अन्त में वह हमारे आईएनए के जो जनरल, कर्नल थे उन लोगों से मिलने गए। सभी अफसरानों के नाम, ग्राम बताने के बाद जनरल जेके भौसलें साहब ने पटेलजी से प्रार्थना की कि आज हमारे राष्ट्रपिता महात्मा गांधी ने हमारे बीच आकर हमारा मनोबल, उत्साह, बढ़ाया, हमें उनका आशीर्वाद प्राप्त हुआ, आज हम लोग राष्ट्रपिता के आगमन के स्वागत पर आज़ाद हिन्द फौज का राष्ट्रीय गान गा कर उनका सम्मान करना चाहते हैं, कृपया हमें इसकी अनुमति देने की कृपा करें। बापूजी ने पटेल की तरफ मुड़कर पूछा कि जनरल भोसलैं जी क्या चाहते हैं? तो पटेलजी ने हमारी राष्ट्रीय गान गाने की इच्छा प्रकट की और कहा कि इसके लिए वे आज्ञा-अभी इतना ही कहा था कि तुरन्त आर्मी जनरल ने बापू से नम्रता पूर्वक पूछा कि क्या बात है, तो बापूजी ने कहा कि अगर आपकी आज्ञा हो तो ये अफसरान व जवान कोई गीत गाकर हम लोगों को सुनाना चाहते हैं। इस पर जनरल साहब ने तुरन्त कहा कि इसके लिए आप ही आदेश दें, आप ही के यहां आने की खुशी में आपके स्वागत के लिए गाना चाहते हैं।

आदेश मिलते ही जनरल भौसलें साहब ने मेरी तरफ इशारा करते हुए कहा कैप्टन राम सिंह, अपनी वॉयलिन पर कौमी तराने की धुन शुरू करें,

हम लोग सब एक साथ मिल कर अपना कौमी तराना गाएंगे। मैंने पहली लाइन कौमी तराने की वायलिन बजा कर शुरू की, उसी धुन में सबने मिल कर आज़ाद हिन्द फौज का गीत गाकर अपने पूज्य राष्ट्रपिता महात्मा गांधी का हृदय से स्वागत किया। अन्त में महात्मा गांधी की जय, 'भारत माता की जय, नेताजी की जय' और जय हिन्द की गूंज से बापूजी का स्वागत किया। बापूजी प्रसन्न मुद्रा के साथ एक हाथ पटेलजी के कंधे पर और दूसरा हाथ जनरल के कंधे पर रखते हुए हम लोगों से विदा लेकर कार में सवार हो कर चल दिए।

हमारे लिए वह दिन बड़ी खुशी का था।

मेरी वॉयलिन लाल किला में छीन ली गई थी, मैं अंग्रेज़ सरकार से वायलिन वापस कर देने का बराबर अनुरोध करता रहता था और मुझे यही जवाब मिलता था कि जिस समय आप दिल्ली से रिहा कर दिए जाएंगे उस समय आपकी वायलिन भी आपको वापस कर दी जाएगी। कुछ दिन बाद वह शुभ दिन भी आ गया, 23 जनवरी 1946 की सुबह आठ बजे एक ब्रिटिश मेजर और उनके साथ एक सारजेंट मेरी वायलिन लेकर मेरे कैंप में आए और मुझे बुलाकर मेरी वायलिन मुझे दे दी गई। मेरी खुशी का ठिकाना नहीं रहा। मेजर साहब ने वायलिन देते समय कहा कि राम सिंह अब तुम इस वायलिन में आईएनए की धुनें मत बजाना जिससे कि सारे जवान भड़क उठे, केवल इंग्लिश धुनें ही बजाया करना।

मैंने उनके आदेश का पालन करने का उन्हें विश्वास दिलाया और उनका बहुत धन्यवाद किया। मैंने अपने सभी कैंप के साथियों को वायलिन वापस मिलने की खुशखबरी दी और कहा कि आज नेताजी का जन्म दिवस है और इस शुभ दिन पर नेताजी ने मेरी वायलिन फिर से मुझे दुबारा दिलवाई–मुझे ऐसा महसूस हुआ। मैंने कैप्टन अमर सिंह साहब का बताया कि आज शाम को हम लोग मिल कर नेताजी का जन्म दिवस मनाएंगे। फोर्थ नाइन्थ गोरखा जो हमारे गार्ड पर तैनात थे, उनके सूबेदार साहब से हमने प्रार्थना की कि आज शाम हमारे भोजन में हलवा, पूरी, सब्जी का प्रबन्ध कर दें और पूजा की सामग्री प्रसाद, धूप, फूल इत्यादि का भी प्रबन्ध कर दें। उन्होंने हमारी प्रार्थना को स्वीकार किया और शाम को हम लोगों ने नेताजी जयन्ती बड़ी शांतिपूर्वक मनाई। अन्त में अपना आज़ाद हिन्द फौज का कौमी तराना उसी वायलिन पर बजाकर समारोह का समापन किया।

आहिस्ता-आहिस्ता हमारे जवान-अफसरान को काबूल लाइन, दिल्ली कैन्ट, से छोड़ते रहे। मार्च 1946 को मुझे भी काबुल लाइन से मुलतान कैन्ट आई.एन.ए. ट्रान्जिट कैंप में जाने का आदेश मिला और मैं मुलतान कैन्ट, पंजाब पहुंचा दिया गया। वहां से मुझे 11 अप्रैल 1946 की शाम को 4 बजे छोड़ दिया गया। उसी दिन सुबह 11 बजे आडर्ली रूम में मेरी पेशी हुई। कमांडेण्ट,जो कोर्ट मार्शल बोर्ड के प्रेजीडेंन्ट थे, ने मुझसे पूछा कि आप पहले ब्रिटिश गोरखा आर्मी में थे, मैंने कहा जी हां। आप घर जाना चाहते हैं? मैंने कहा आप भेजेंगे तो जरूर जाएंगे नहीं तो पड़े रहेंगे, अपने घर ही में तो हैं। उन्होंने कहा तुम तो जेल में हो, घर में कहां हो? मैंने कहा सर, मुझे तो जेल घर ही जैसा लग रहा है। तीसरा सवाल था कि क्या आप कैप्टन मोहन सिंह को जानते हो? मैंने कहा कि सर, मैं तो सिंगापुर फॉल होते ही 15 फरवरी 1942 के बाद हमेशा कैप्टन मोहन सिंह के साथ रहा। उनके साथ मेरे नजदीकी ताल्लुक थे। आज़ाद हिन्द फौज की बुनियाद सिंगापुर में कैप्टन मोहन सिंह ने ही डाली थी। आगे चल कर कैप्टन मोहन सिंह आज़ाद हिन्द फौज के जनरल जी.ओ.सी. घोषित हुए। जनरल मोहन सिंह और रासबिहारी बोस इंडियन इंडिपेंडेंस लीग,फार ईस्ट एशिया के चेयरमैन भी थे। फिर कमाडेण्ट ने पूछा कि आप आईएनए में क्यों आए? मैंने कहा, सर, भारत को अंग्रेजों की गुलामी से मुक्त कराने के लिए में आईएनए में आया। वह बोले कि आप लोग लो नेपाली हैं, फिर आप आईएनए में कैसे आए? मैंने कहा, सर, मैं नेपाली जरूर हूं पर भारतीय गोरखा हूं। उन्होंने पूछा कि तो आप फिर से आई.एन.ए. में आएंगे? मैंने कहा, सर, जरूर आंऊगा। उन्होंने पूछा कि क्या ऐसी खास बात है जो आप दुबारा आई.एन.ए. में आने की ख्वाहिश रखते हैं? मैंने कहा सर, सदियों के बाद भारत की आज़ादी के लिए एक महान शक्तिशाली स्वतंत्रता संग्राम सेनानी का संगठन हुआ है और आज़ाद हिन्द फौज के नाम से आरजी हुकूमत बनी।

नेताजी सुभाष चन्द्र बोस ने अंग्रेजी साम्राज्य के विरुद्ध जंग का ऐलान किया और हम अपने भारत की स्वतंत्रता के लिए मैदाने जंग में कूद पड़े। इस संगठन में सारे भारतवासी एक होकर अपने उद्देश्य प्राप्ती के लिए खड़े हुए थे, इसलिए मैं फिर इस में आने की ख्वाहिश रखता हूं। इसके उपरान्त मेरे सारे सवाल-जबाव जो रिकार्ड कर लिए गए थे उस पर मुझसे हस्ताक्षर लिए गए। तदुपरान्त मुझे रिहाई का आदेश सुनाया गया। बोर्ड ने मुझे 'ब्लैक कैटिगरी' में रखा।

शाम को जब मैं 4 बजे अपने कुछ साथियों के साथ मुलतान रेलवे स्टेशन पहुंचा तो वहां कांग्रेस के एक जत्थे ने हाथ में तिरंगा झण्डा लिए जय हिन्द के नारों से हमारा स्वागत किया। वहां से सब लोग रेल से अपने-अपने घर की ओर रवाना हुए।

दूसरे दिन सुबह लाहौर में मजीठिया हाऊस, जो आईएनए रिलीफ कमेटी का दफ्तर बना हुआ था, में मेरी गुरूबख्श सिंह ढिल्लन साहब से मुलाकात हुई। उन्होंने मुझे आदेश दिया कि राम सिंह आप घर न जाकर, सीधे नई दिल्ली 82 दरियागंज, आल इंडिया आईएनए रिलीफ कमेटी के दफ्तर पहुंचो, वहां आप एस.ए. अय्यर को रिपोर्ट करो। दिल्ली में शरत चन्द्र बोस आप से खासतौर से मिलना चाहते हैं और कांग्रेस के कुछ और नेता लोग भी आपसे मिलने के इच्छुक हैं। यह समाचार पाते ही मैं दिल्ली के लिए रवाना हुआ और 82 दरियागंज पहुंचा। वहां एस.ए. अय्यर साहब को अपने आगमन की सूचना दी। सूचना पाते ही वह बाहर आए, अरे कैप्टन राम सिंह आ गए, कह कर खुशी से मुझे छाती से लगा लिया। उस समय दफ्तर में आईएनए के जवान जिसमें जर्मनी से आए हुए आईएनए के जवान भी मौजूद थे, सबने मिल कर आईएनए का कौमी तनाना गाया। दूसरे साथियों से मिल कर खुशी का माहौल बन गया।

शाम को एस.ए. अय्यर साहब शरत चन्द्र बोस के बंगले पर पहुंचे। वहां पहुंचने पर गीता बोस बहन से मुलाकात हुई। अय्यर साहब ने कहा गीता बेटी, कैप्टन राम सिंह यहीं हैं, पिताजी को बता दो। गीता खुशी से दौड़ती हुई अन्दर भागी, माताजी, पिताजी, कैप्टन राम सिंह और अय्यर साहब आए हैं। हम दोनों अन्दर गए, उस समय शरत चन्द्र बोस बिस्तर पर आराम कर रहे थे, मैंने उनके चरणों में प्रणाम किया। मुझे वह ऐसे लगे जैसे नेताजी ही बिस्तर पर आराम कर रहे हों।

सर्वप्रथम शरत चन्द्र बोस ने पूछा, राम सिंह आप कहां के रहने वाले हैं? मैंने कहा श्रीमानजी, मैं धर्मशाला, जिला कांगड़ा, पंजाब का रहने वाला हूं। उन्होंने पूछा, क्या आपने दार्जलिंग देखा है? मैंने कहा कि जी नहीं। तो वह बोले अच्छा तो अब देखोगे। दार्जलिंग में कुरसिआंग एक बहुत सुन्दर स्थान है। वहां तुम्हारे नेताजी का बंगला है, अब आप गर्मियों में अपने नेताजी के बंगले, कुरसिआंग, दार्जलिंग में रहोगे और सर्दियों में नेताजी भवन, कलकत्ता, में रहोगे।

मैंने सोचा है कि नेताजी के नाम पर तुम्हारी एक बहुत बढ़िया आर्केस्ट्रा संगीत ड्रामा पार्टी बनाई जाए। लाखों रुपए क्यों न लगे, मैं वह सब करूंगा। अब आप अपने घर जाकर माता-पिता, रिश्तेदारों एवं बच्चों को मिलें। और वहां से मुझे पत्र लिखें। एक-दो महीने के अन्दर मैं आपको खर्चा भेजूंगा, तब आप कलकत्ता आने की व्यवस्था करें। आपके जितने भी आईएनए के म्यूजिशियन, सिंगर, ड्रामा आर्टिस्ट हैं उनको आपके कलकत्ता आने पर बुलाया जाएगा। इस समय आपको कितने पैसे की जरूरत है। मैंने कहा, 'पिताजी रेल का पास तो पूरा भारत घूमने के लिए मिला है, और रिलीफ कमेटी, दरियागंज से 75 रुपए मिले हैं, ये मेरे लिए घर पहुंचने तक बहुत होंगे। एक सवाल उन्होंने ऐसा पूछा जिससे मेरे दिल को बड़ा झटका लगा। उन्होंने कहा कि राम सिंह आप अकेले ही आए, अपने साथ अपने नेताजी को नहीं लाए। मैं हक्का-बक्का सा रह गया लेकिन तुरन्त मेरे दिमाग में नेताजी के आईएनए से विदा होते समय उन्होंने जो शब्द कहे थे वे याद आ गए। मैंने वहीं शब्द वहां कहे कि साथियों मैं आपसे इस समय विदा ले रहा हूं, इसके यह मायने नहीं होंगे कि मैं आपसे बिछड़ रहा हूं। मैं सदा आप के साथ हूं, और आपके साथ ही रहूंगा। आप खुशी-खुशी भारत पहुंचिए, मैं बहुत ज़ल्दी आप लोगों से आ मिलूंगा। तो श्रीमानजी हमारे नेताजी बहुत जल्द आएंगे, यह मेरा पूर्ण विश्वास है। बातें हो रही थी, गीता बहन व माताजी चाय ले कर आ गईं और कहने लगी भईया राम सिंह, मुझे वह गीत अतिप्रिय है जो आप और एस.एन. सरस्वती आज़ाद हिन्द रेडियो स्योनॉन सिंगापुर से गाया करते थे, मैं इसी वक्त वह गीत लिखूंगी और जब आप कलकत्ता आएंगे तो मैं आपके आईएनए आर्केस्ट्रा में गाऊंगी। वह गीत इस प्रकार था-

> गई रात आया प्रभात हम निद्रा से जागे,
> जय जय जननी जन्मभूमि हम बालक है तेरे,
> गई रात आया प्रभात हम निद्रा से जागे,
> नवयुग आया जीवन लाया, दयावन धन अम्बर पे छाया,
> विजय भई सतरण के भीतर, शत्रु डर भागे,
> गई रात आया प्रभात हम निद्रा से जागे,
> पाप गुलामी के बन्धन से, छटेंगे हम भारतवासी,
> तन मन धन अर्पण चरणन में माता के आगे,

गई रात आया प्रभात हम निद्रा से जागे,
चरण कमल पर बल-बल जाऊं, गांधी नेहरू और मौलाना,
सुभाष माता की गोदी में अति सुन्दर लागे,
गई रात आया प्रभात हम निद्रा से जागे,
जय जननी जय जन्मभूमि हम बालक है तेरे,
गई रात आया प्रभात हम निद्रा से जागे।

कुछ दिन दिल्ली में रह कर मैं घर की ओर रवाना हुआ। जाने से पहले खन्नाजी जो रिलीफ कमेटी के अध्यक्ष थे ने कहा कि आप ये जेल के दिए हुए कपड़ों को फैंकिए और जैसे कपड़े आप चाहते हैं मुझे बता दें वह मैं ला देता हूं। मैंने उनसे दो खादी की कमीज, दो पैजामा, एक जोड़ी जूता ला देने की प्रार्थना की। उसके बाद मैं धर्मशाला की ओर चल पड़ा। मई के पहले हफ्ते में मैं घर पहुंचा। माता-पिता बच्चों तथा रिश्तेदारों से मिल कर बड़ी खुशी हुई। धर्मशाला के पेंशन बुजुर्गों ने एक मीटिंग की जिसमें उन्होंने हम आई.एन.ए. के जितने भी जवान धर्मशाला में थे की रोजी-रोटी के लिए अपने पेंशन की धन-राशि से मदद करने का प्रस्ताव पास किया। मैंने उनसे इस कृपा के लिए गोरखा एसोसिएशन और सभी पेंशन बुजुर्गों को धन्यवाद प्रकट किया। फिर मैंने उनसे प्रार्थना की कि हम लोगों को आपके दिए हुए चन्दे से अपना गुजारा चलाने में कुछ शर्म जैसी आती है। बल्कि मैं तो यह चाहूंगा कि हम लोग कुछ-न-कुछ कारोबार, धंधा, मेहनत करके अपनी रोजी-रोटी कमाएं तो बेहतर होगा। हम सब आई.एन.ए. के जवानों ने यह तय किया कि हम लोग गांव-गांव जाकर श्रमदान करें। गांव के टूटे-फूटे रास्तों को बनाएं। कोई भी मरण-जीवन या शादी इत्यादि हो तो उसमें हम सब जुटकर गांव वालों का भार हल्का करें। धोती की छपाई, साबुन बनाने का काम, टोकरी बुनने का काम और कोई भी मजदूरी मिले तो हम सब मेहनत से काम करें और अपनी रोजी-रोटी का धंधा बनाएं, न कि बुजुर्गों के पेंशन से दिए गए चन्दे पर पलें। यह हमारे आई.एन.ए. के जवानों को शोभा नहीं देता। हमने तुरन्त ही गांव-गांव जाकर लोगों की सेवा करनी शुरू कर दी। इससे हम लोग थोड़े ही दिनों में पूरे धर्मशाला में गांववालों के प्रिय हो गए।

धर्मशाला में मैंने एक बैण्ड पार्टी बनाने का निर्णय लिया। वह बैण्ड पार्टी मैं हर मजहब के लिए, सेवा भाव करने की इच्छा से बना रहा था।

यह मई 1946 की बात है जबकि धर्मशाला में ओएल कैंप में इटली के हजारों अफसरानों को अंग्रेजों ने बन्दी बना कर रखा हुआ था। जब उन लोगों को अपने मुल्क जाने का आदेश हुआ तो उन लोगों के पास जो भी वाद्य यंत्र थे वे यहीं बेच कर जा रहे थे। तो मैंने कप्तान कालू राम थापा, पेंशनर, से इटली के वाद्य खरीदने के लिए पैसों की मदद मांगी। मैंने उन्हें कहा कि जो भी धन लगेगा मैं आहिस्ता-आहिस्ता किस्तों में लौटा दूंगा। इसके अतिरिक्त मेरे समस्त आई.एन.ए. के साथियों ने अपनी औरतों के सोने के ज़ेवरात इकट्ठे करने का फैसला किया। किसी ने पांच तो किसी ने दस, किसी ने पन्द्रह तोले, जो जितना कर पाया इकट्ठा किया। इस तरह हमारे पास 160 तोला सोना एकत्र हुआ। मैंने उन ज़ेवरात को कप्तान लालू राम थापा मेरे दादाजी को सौंपते हुए कहा कि दादाजी यह सोना रखिए और जब तक हम आपका पैसा पूरा ना लौटा दें तब तक इसे आप अपने पास ही रखिएगा। तो वह बहुत हंसे। कहने लगे बेटे राम सिंह, मैं आप लोगों की एकता, विश्वास, बलिदान और हिम्मत को देखकर प्रसन्न हूं। बेटा ये ज़ेबरात उन बेटियों को वापस कर दो जिन्होंने आप लोगों का पूरा-पूरा साथ दिया। मैं आपको विश्वास दिलाता हूं कि आप लोगों की मदद के लिए इटली वालों से वाद्य खरीदने के लिए जितना भी धन लगेगा मैं लगाऊंगा। तब पूर्व एशिया में रहने वाले तमाम भाई-बहनों ने अपना सब कुछ नेताजी के चरणों में रख दिया। नेताजी ने कहा था 'करो सब निछावर, बनो सब फकीर', तो फिर हम सब जवानों ने दादाजी के चरणों में शीश नवा कर कोटी-कोटी धन्यवाद दिया। उनकी दया से और प्रभू की कृपा से एवं नेताजी के आशीर्वाद से हमारे काम का सिलसिला दिन-प्रतिदिन आगे बढ़ने लगा।

18 मई 1946 को हम समस्त आई.एन.ए. के लोग कप्तान कालू राम थापा के निमंत्रण पर उनके घर सधेंड़ गांव में श्री सत्यनारायण स्वामी की कथा के पूजन पर एकत्रित हुए थे। सायंकाल श्री सत्यनारायण की कथा शुरू हुई थी कि एक पोस्टमैन टेलीग्राम की खुशखबरी लेकर आ पहुंचा। उसमें मुझे वायलिन लेकर दिल्ली आने को कहा था। टेलीग्राम की खुशखबरी वहां उपस्थित सभी लोगों ने सुनी, सबको बड़ी खुशी हुई और सब अपना-अपना अन्दाजा लगाने लगे। उन्नीस की सुबह मैं धर्मशाला से अपनी वायलिन लेकर दिल्ली रवाना हुआ। बीस की सुबह मैं दिल्ली पहुंचा। इक्कीस को आई.एन.ए. सैन्ट्रल रिलीफ कमेटी की मीटिंग होने वाली थी, उसके बारे में मैंने एस.ए. अय्यर

से सब जानकारी ली। हिन्दुस्तान के हर प्रान्त के आई.एन.ए. के नुमाइन्दों को उस मीटिंग में बुलाया गया था।

हमारे रहने, खाने का इन्तजाम एक बड़े होटल में किया गया था। इक्कीस तारीख की सुबह बिड़ला भवन में मीटिंग का शुभ आरम्भ हुआ। जनरल ए.सी. चटर्जी एवं जनरल शाहनवाज खां ने हम लोगों का परिचय पंडित जवाहरलाल नेहरू व सरदार वल्लभभाई पटेल, जो उस सभा के मुख्य अतिथि थे से बारी-बारी कराया और हम लोग हाल के अन्दर प्रवेश करते गए जहां कांग्रेस के उच्चकोटि के नेतागण पहले से ही मौजूद थे। हमने उन सबका अभिनंदन किया। कार्य का शुरु आरम्भ पंडित नेहरूजी ने अपने मुखार्विंद से किया तथा हम लोगों ने मिलकर आज़ाद हिन्द फौज का कौमी तराना तथा सारे जहां से अच्छा हिन्दुस्तान हमारा गीत गाकर किया। इस सभा में सरोजिनी नायडू खुश मुद्रा में दिख रही थीं। सभा में मौलाना आज़ाद, जे.बी. कृपलानी और कई नेता लोग उपस्थित थे। आज़ाद हिन्द फौज के जनरल मोहन सिंह, कर्नल गिल, जनरल सी. जटर्जी, जनरल लोकानादन, जनरल अलागप्पन, एस.ए. अय्यर, जनरल शाहनवाज खां, जनरल महबूब, जनरल जमाल कियाना, कर्नल शुक्ला, कर्नल हबीर्बरहमान, कर्नल इर्याद, कर्नल अनैथ कयामी, कर्नल रतौड़ी, मेजर देवजंग चन्द, मेजर मर्यूराम थापा, मेजर मनबहादुर राम, मेजर दिलमान सिंह थापा, इनके अलावा और कई लगभग 200 तक आज़ाद हिन्द फौज के नुमाइन्दे थे।

पंडित जवाहरलाल जी ने अपने भाषण में बहुत जरूरी-जरूरी बातें बताईं। उसमें एक आज़ाद हिन्द फौज वालों की नौकरी का मसला था। फिर उन्होंने कहा कि आई.एन.ए. वालों की एक बैण्ड पार्टी बनाई जाए जो पूरे भारतवर्ष में भ्रमण करे और हर भारतवासी के कानों में नेताजी का संदेश पहुंचाए। इस कार्य का जितना भी खर्च होगा उसका इन्तजाम हम करेंगे। कैप्टन राम सिंह अपना एक ब्यौरा तैयार करके शाम को मीटिंग में रखें। तो मैंने बीस हजार रुपए का एस्टिमेट बना कर पेश किया जिसमें 25 जवानों का 'आर्केस्ट्रा, 10 'ड्रामा' पार्टी के कलाकार, पांच मिस्लेनियस, जिसमें एक टीम मैनेजर, एक क्वार्टर मास्टर, एक क्लर्क, एक कुक, कुल योग 40 आदमियों की एक टीम बनाई जाने की आज्ञा मांगी तो मुझे सरदार वल्लभभाई पटेलजी ने बहुत अच्छी राय दी। उन्होंने कहा कि राम सिंह इतनी बड़ी पार्टी

एकदम बनाना और इसको चलाना आपको मुश्किल होगा। फिलहाल आप केवल 10-15 जवानों का आर्केस्ट्रा बनाओ खर्चा भी कम होगा। इस वक्त मैं आपको वाद्य यंत्र खरीदने के लिए और प्रशिक्षण काल में खाने-पीने का खर्च चलाने के लिए पांच हजार रुपए देता हूं। आप बम्बई आइए, जो वाद्य यंत्र आपको चाहिए वे मैं आपको बम्बई रिलीफ कमेटी से दिलाऊंगा। शरत चन्द्र बोस भी उस मीटिंग में उपस्थित थे। उन्होंने कहा रामसिंह, कलकत्ता आइए मैं कलकत्ता रिलीफ कमेटी से वाद्य यंत्र दिलाऊंगा। मैं उनकी राय से खुश हुआ। कमेटी ने इस पार्टी को चलाने के लिए पांच आदमियों की एक सलाहकारी कमेटी बनाई। कमेटी में एस.ए. अय्यर, जनरल शाहनवाज खां, कर्नल पी.के. सहगल, कर्नल रतौड़ी और कर्नल महमूद अहमद नियुक्त हुए। आर्केस्ट्रा का नाम आल इंडिया आई.एन.ए. आर्केस्ट्रा कन्डेंक्ट बाई कैप्टन राम सिंह, रखा गया। आर्केस्ट्रा की मूमैंन्ट की देख-रेख का जिम्मा, दिल्ली 82 दरियागंज को दिया गया, जिसका काम यह बताना था कि हमें किस प्रान्त में जाना है। पार्टी जिस प्रान्त में जाए वहां रहने, खाने-पीने एवं प्रचार का सारा इन्तजाम प्रान्त के आई.एन.ए. रिलीफ कमेटी को दिया गया। इसके अतिरिक्त पार्टी द्वारा किए गए प्रोग्रामों से प्राप्त धन राशि का निम्न तरह वितरण किया जाना सुनिश्चित किया गया।

1. सम्पूर्ण आय से 60 प्रत्यित आई.एन.ए. रिलीफ कमेटी को तथा 40 प्रत्यित 82 दरियागंज, आल इंडिया आई.एन.ए. कमेटी को भेजा जाएगा।
2. आल इंडिया आई.एन.ए. आर्केस्ट्रा के कमाए धन से हमारे आई.एन.ए. के जो जवान स्वतंत्रता संग्राम में शहीद हुए उनके परिवार को भी समय-समय पर मदद देने का प्रस्ताव पास हुआ।
3 दूसरे दिन शाम को पंडित नेहरू ने हमारे आए हुए सभी प्रतिनिधियों को वाल्मीकी आश्रम में पूज्य महात्मा गांधी, राष्ट्रपिता, के दर्शन कराने और उनके द्वारा आर्शीवाद पाने का प्रोग्राम बनाया। मेरे कंधे पर हाथ रखते हुए पंडित नेहरूजी ने कहा कि राम सिंह शाम को बापूजी के आश्रम में जाना है, आप अपने साथ अपनी वायलिन अवश्य ले चलिएगा। वहां सब लोग मिलकर आज़ाद हिन्द फौज का कौमी तराना गाकर बापूजी का स्वागत करेंगे?

शाम को 4 बजे हम लोग वाल्मीकी आश्रम पहुंचे। पंडितजी व सरदार पटेल बापूजी की कुटिया में जाकर उन्हें हमारे बीच ले आए।

हम लोग सब कतार बनाए हुए खड़े थे, बापूजी के सामने आने पर जनरल चटर्जी ने आदेश दिया आज़ाद हिन्द फौज सावधान। सावधान होते ही उन्होंने बुलन्द आवाज़ में जय हिन्द कह कर सैल्यूट के साथ उनका अभिनन्दन किया। तत्पश्चात सभी ने एक ही स्वर में मेरी वायलिन के स्वर-से-स्वर मिलाकर कौमी तराना गाया। बापूजी बहुत प्रसन्न मुद्रा में खड़े रह कर आज़ाद हिन्द फौज के कौमी तराने को सुनते रहे। गीत समाप्त होते ही जय हिन्द का नारा गूंज उठा, महात्मा गांधी की जय, 'भारत माता की जय, 'पंडित नेहरूजी की जय, 'सरदार पटेल की जय' की गूंज से बाल्मिकी आश्रम का माहौल आज़ाद हिन्द फौज के कैंप जैसा लगने लगा।

बापूजी ने सबको बैठ जाने का आदेश दिया कि आप सब मेरे चारों तरफ आकर बैठ जाइए। हम सभी तुरन्त बापूजी को घेर कर बैठ गए। बापूजी ने हम लोगों से कहा कि आप लोग मुझसे मिलने आए हैं, मुझे बहुत प्रसन्नता हुई। नेताजी ने वह काम दो सालों के अन्दर करके दिखाया जिसे करने के लिए हम भारत में सदियों से प्रयत्न करते रहे हैं और वह है हमारे हिन्दू, मुस्लिम, सिख, ईसाई भाइयों का संगठन। नेताजी हमारे देश के बड़े महान व्यक्तियों में से एक हैं जिन्होंने अपनी भारत भूमि के लिए बड़ी कठिनाईयों और मुसीबतों का सामना करते हुए, देश से बाहर निकलने में वीरता दिखाई। यूरोप में जर्मनी से अपनी मित्रता द्वारा भारत की मित्रता को बढ़ाया। वहां पूर्व में जापान में पहुंचे और जापानी सरकार से और पूर्व एशिया में रहने वाले हिन्दुस्तानी भाइयों के सहयोग से भारत की एक विशाल सेना का संगठन किया। आज सारी दुनिया के सामने उस फौज का नाम तथा नेताजी का नाम सूर्य की तरह चमक रहा है। अब आप लोगों के लिए एक बात की चिन्ता है और वह यह है कि आपकी रोजी-रोटी कैसे चलेगी? मैं आप लोगों को एक बात कहना चाहता हूं, क्या आप मेरी बात मानेंगे? तो हम लोगों ने जो उनके सामने बैठे हुए थे कहा कि जी बापूजी, हम आपकी बात जरूर मानेंगे। तो बापूजी हंसते हुए इशारा करने लगे कि बैठे तो हैं 200 से अधिक और मेरी बात मानने को केवल 10-20 लोग ही तैयार हैं, क्या आप बाकी लोग मेरी बात मानना नहीं चाहेंगे? तो सबने एक ही आवाज में जोर से कहा कि मानेंगे, बापूजी हम आपकी सभी बातों को मानेंगे। तब बापूजी ने अपनी बात कहनी शुरू की कि अगर आप लोग अपने आप को नेताजी के सच्चे सिपाही और

भारत के सच्चे वफादार समझने की शक्ति रखते हैं, तो आपको एक काम करना होगा, जो मैंने उचित समझा है। हमारा देश बहुत बड़ा तथा गरीब है। इस देश में तमाम प्रान्तों में बंजर जमीनें पड़ी हुई हैं, आप लोग हाथ में फावड़ा, कुदाली लेकर इन बंजर जमीनों पर टूट पड़ो, इसे खोदो, सिंचों, खाद डालो, बीज बोओ और सारी बंजर जमीनों को हरा-भरा बनाओ। इन खेतों की सुरक्षा आप अपने आप करें। और जब फसल पक कर तैयार हो जाए तो उस फसल को तमाम गरीब गांव वासियों में, कस्बों में, बांटों। उनका दुख-दरिद्र दूर करो। गांव के टूटे-फूटे रास्ते, पुल, गांव की सफाई, गांव के बच्चों की शिक्षा, दवा आदि सब का भार आप अपने ऊपर लें। जब पकी हुई फसल आप सब गांव वालों को बांटोगे और बचा हुआ आप लोग बांट कर खाओगे तो नेताजी को यह जान कर बड़ी खुशी होगी। यह काम आपको करना होगा क्योंकि नेताजी की जब बाल-अवस्था थी तो वह घर से भाग कर पीड़ित लोगों की सेवा में अपने साथियों सहित लगे रहते थे। तो उनकी बाल-अवस्था से देश के प्रति जो इच्छा रही है उसे पूरा करने के लिए मैं आपको यह कह रहा हूं। सभी ने बापूजी की इस बात को स्वीकार किया। मैंने बापूजी से कहा कि बापूजी आपने देश के पीड़ितों और गरीबों के लिए जो काम हमें दिया है यह तो धर्मशाला, हिमाचल प्रदेश के आज़ाद हिन्द फौज के जवानों ने गांव-गांव जाकर करना शुरू कर दिया है। हमने उनकी बंजर पड़ी छोटी-छोटी जमीनों को खोद कर शाक-भाजी बो दी है और गांव के उबड़-खाबड़, टूटे-फूटे रास्तों को बनाने का श्रमदान आन्दोलन शुरू कर दिया है। बापूजी बड़े खुश हुए और सभी ने तालियां बजाकर स्वागत किया। यह मीटिंग समाप्त होने के बाद सब अपने-अपने घर लौटे। मुझे हिमालय बैंक, धर्मशाला, कोतवाली बाजार, का पांच हजार का चैक दिया।

मैं दिल्ली से कलकत्ता गया और कलकत्ता से बम्बई। बम्बई पहुंचने पर जनरल जे.के. भोंसले मुझे शाम को भूलाभाई देसाई के बंगले पर ले गए। भूलाभाई देसाई से आई.एन.ए. के बारे में एक घंटे तक बातें होती रहीं। वह बहुत खुश हुए तथा मुझे आशीर्वाद दिया। बम्बई से मैं कुछ वाद्य यंत्र लेकर धर्मशाला जिला कांगड़ा पहुंचा। भागसूनाथ मंदिर के चरणों तले की भूमि पर मेरे ताऊजी का बंगला था। उनके स्वर्गवास के बाद ताईजी, भाई-बहन पेन्सनर लाइन, चीलगाड़ी, में अपने ससुराल में रहने लगे। मैंने भागसूनाथ के

पुजारी बाबा तुलसीगिरी महाराज से ताऊजी के बंगले में अपने आल इंडिया आई.एन.ए. का आर्केस्ट्रा ट्रेनिंग कैंप बनाने का विचार प्रकट किया। उन्होंने और मेरी ताईजी ने बंगले की चाबी मुझे दे दी और ट्रेनिंग कैंप बनाने में मेरी पूरी सहायता की। मैंने अपने आई.एन.ए. के साथियों को टेलीग्राम द्वारा बुलाया जिसमें गणेश बहादुर थापा, शेर बहादुर राना, तेज बहादुर क्षेत्री, श्याम सिंह गुमट, विशन सिंह राना, गोपाल मग ठाकुर आदि देहरादून से थे। गुलाब सिंह तोतारानी, जगत बहादुर चंपारदमारी, प्रीतम सिंह संघेड़, नरबहादुर बरल, रामसरन गुरजा, नर बहादुर थापा, राम सिंह बसनेत, गुलाब सिंह गुहअ, प्रेम बहादुर थापा, गुलाब सिंह, प्रेम चरविष्ट, रघुवीर सिंह, चन्द्रवीर गुरूम, खड़क जंग बहादुर ठाकुर आदि धर्मशाला से थे।

तो ये सभी साथी सूचना पाते ही पहुंचे। भागसूनाथ बाबाजी की धर्म भूमि में हम लोगों का जून के प्रथम सप्ताह 1946 में ट्रेनिंग का कार्यक्रम आरम्भ हुआ। हमारा भोजनालय का काम भी सुचारू रूप से चलने लगा। मैस में भोजन बनाने के लिए मेरे चाचाजी की लड़की शोभावती रानी रोज अपने घर, सुघेड़ से कैंप आया करती थी और खाली समय में वायलिन भी सीखती थी और आई.एन.ए. के गीतों को भलीभांति गाती थी। जब हमारा कार्यक्रम शुरू हुआ तो पुलिस के गुप्तचर विभाग को हमारी देख-रेख के लिए तैनात कर दिया गया। मैं रात के दो बजे तक 'म्यूजिक कम्पोजिशन' के लिए जागा करता था। एक दिन दरवाजे के सामने मैंने किसी गुप्तचर को खड़े देखा। मैंने उनसे कहा कि आप खड़े क्यों हैं, अन्दर आकर बैठें। अक्सर मैं आपको इस बंगले के इर्द-गिर्द घूमते देखता हूं, वह किसलिए? तो उन्होंने बड़े गम्भीर भाव से कहा भाई साहब, हम पुलिस के गुप्तचर विभाग से हैं। हमें सरकार ने आपके कैंप की पूरी निगरानी का आदेश दिया है कि कहीं आप अंग्रेजी सरकार के विरुद्ध गोला-बारूद, बम वगैरह तो नहीं बना रहे हैं। हम आपकी कार्यवाहियों की पूरी रिपोर्ट रोजाना पुलिस थाने भेजते हैं। मैंने उससे कहा कि मैं गोला-बारूद तो नहीं बना रहा हूं, लेकिन एक ऐसा गोला बना रहा हूं जिसके फटने से भिन्न-भिन्न मधुर स्वर गूंज उठेंगे और जो भी इस स्वर की गूंज को सुनेंगे उनके दिल-दिमाग पर यह सीधे अपना घर बना लेगा। यह गोला जो मैं बना रहा हूं, यह किसी को मारता नहीं हैं, परन्तु बुरी तरह से जख्मी कर देता है। तो वह जवान कहने लगा भाई साहब, जिस दिन से मैं

यहां आया हूं मैं यह सब देख रहा हूं। वाद्य यंत्रों को मधुर स्वर सुन कर हम सभी जवान जो हिजरी में तैनात हैं आप सब से मुग्ध हैं हमें बहुत शर्म आ रही है कि आप जैसे महानुभाव, देशभक्त के प्रति गुप्तचर लगाए गए हैं। हम इसके लिए आपसे क्षमा चाहते हैं। मैंने कहा भाई साहब आपका फर्ज है कि जिस कार्य को करने के लिए आपको नियुक्त किया जाए उसे आप सही सर–अंजाम दें। यही आपका धर्म है।

मैंने उस पांच हजार रुपए से तीन हजार रुपए का वाद्य यंत्र खरीदा। एक हजार रुपए मैस में खर्च हुए जो जून के प्रथम सप्ताह से अगस्त तक चलाया गया। बाकी एक हजार रुपया अपनी पार्टी की यात्रा के लिए रखा। ट्रेनिंग के दौरान हमने धर्मशाला के कई स्थानों पर गवर्नमेंट कॉलेज के हाल में, कांगड़ा भवन के मैदान में आई.एन.ए. के गानों का व नेताजी के संदेशों का प्रदर्शन किया, जिससे लोगों में जागृति और खुशी का माहौल उमड़ आया। जुलाई अन्त में पटेलजी का पत्र आया कि कैप्टन राम सिंह आपका आई.एन.ए. आर्केस्ट्रा कितना प्रगति कर चुका है और अभी कितना बाकी है? मैंने उतर दिया कि पार्टी का कार्यक्रम, ट्रेनिंग सब पूरी हो चुकी हैं मैं केवल आपके आदेश का इन्तजार कर रहा हूं कि पार्टी को कब और कहां जाना होगा। फिर उनका तुरन्त जवाब आया कि पत्र प्राप्त होते ही आप चलने की तैयारी कर दें। आप सीधा लाहौर आकर मजीठिया हाऊस में रिपोर्ट करें। बम्बई से मैं नथ्थेलाल पारिख को भेज रहा हूं वह अपने साथ नेताजी की डाक्यूमेंट्री फिल्म 'चलो दिल्ली' लेकर आ रहे हैं। आपको नथ्थेलाल पारिख दिल खुश पन्वोली फिल्म प्रोडक्शन में ले जाएंगे और वहां आपके कुछ गाने लिए जाएंगे जो 'चलो दिल्ली' फिल्म में इस्तेमाल किए जा सकेंगे। 'बैक ग्राउन्ड म्यूजिक', फ्रन्टलाईन मूवमेंट आदि वहां रिकार्ड कराने होंगे। आपके गानों के लिए जिस किस्म की आवाजों की जरूरत हो या और कोई विशेष वाद्य यंत्र की जरूरत हो तो उस सब का इन्तजाम पन्वोली साहब कर देंगे। अब आप चलने की तारीख व लाहौर पहुंचने का समय टेलीग्राम द्वारा मुझको और मजीठिया हाऊस आई.एन.ए. आफिस को भेंजे ताकि आपके रहने तथा खाने का इंतजाम हो सके। लाहौर स्टेशन पर आपकी पार्टी को लेने आदमी पहुंचेगा।

मैं पार्टी लेकर लाहौर पहुंचा। मजीठिया हाऊस में कर्नल जी.एस. ढिल लन को रिपोर्ट किया। दूसरे दिन सुबह नथ्थेलाल पारिख भी आ पहुंचे।

हम तीन–चार आदमी पन्वोली फिल्म प्रोडक्शन आफिस पहुंचे। कर्नल ढिगन साहब ने पंडित अमरनाथ, म्यूजिक डायरेक्टर से मेरा परिचय कराया। वह हम सबको 'म्यूजिक रूम' में ले गए और मुझको गीत गाने के लिए कहा। उन्होंने कहा कि मैं जानना चाहता हूं कि आपकी आवाज रिकार्डिगं लायक है या नहीं। मैंने उनसे प्रार्थना की कि तबला में संगत करने की कृपा करें तो मैं गीत सुनाऊं। तबला वादक को बुलाया। मैंने 'गई रात आया प्रभात, हम निद्रा से जागे' गाकर सुनाया, पंडित अमरनाथजी बड़े प्रभावित हुए, कहने लगे आपकी आवाज में बड़ी मिठास है। लोच और गरिद्मग भी बहुत ही अच्छे हैं। शब्दों का उच्चारण भी सही हैं आपकी रिकार्डिंग तो हम दो दिन 'रिहर्सल' करके तीसरे दिन कर लेंगे। मैंने कहा पंडितजी मुझे एक हफ्ते का मौका दें, ताकि मैं अपने आई.एन.ए. आर्केस्ट्रा का अभ्यास कर लूं। वह आश्चर्य में पड़ गए और पूछने लगे कैसा आई.एन.ए. आर्केस्ट्रा है। मैंने कहा कि यह आर्केस्ट्रा पंडित जवाहरलालजी के आदेश पर और उनके सहयोग से बनाया है। तो उन्होंने पूछा कितने साजों का आर्केस्ट्रा है। मैंने कहा कि इस आर्केस्ट्रा में 28 वादक हैं तो पंडित अमरनाथजी ने कहा, बड़ी अच्छी बात है, आप एक हफ्ता अभ्यास करें। कर्नल ढिगन साहब ने कहा चलो राम सिंह हमारे दो गानों की रिकार्डिंग हो रही है जिसे पंडित अमरनाथजी की आर्केस्ट्रा कर रही है। हम 'रिहर्सल रूम' में गए। कर्नल साहब का खुद का बनाया हुआ गीत 'नेताजी का फरमान' और 'चलो दिल्ली' वाले गीत का अभ्यास किया, जिसकी रिकार्डिंग पन्योली फिल्म प्रोडक्शन में हुई। एक हफ्ते बाद हमारे आर्केस्ट्रा द्वारा सात गानों की रिकार्डिंग हुई। जिस दिन रिकार्डिंग होनी थी पन्वोली साहब जो नेताजी के बड़े घनिष्ट मित्रों में थे स्टूडियो में पधारे। मैंने 'आर्केस्ट्रा' को पन्योलीजी के आगमन पर सावधान करके, जय हिन्द कह कर उनका अभिवादन किया। हम सबको उन्होंने आशीर्वाद दिया और नेताजी के बारे में कुछ बीती बातें सुनाई। फिर रिकार्डिंग का काम शुरू हुआ। रिकार्डिंग की समाप्ति पर पन्योली साहब ने मुझसे इच्छा प्रकट की कि राम सिंह आपका 'आर्केस्ट्रा' मेरे पन्योली प्रोडक्शन में रहे तो वह हमारी प्रोडक्शन के म्यूजिक में बहुत रोशनी देगा। यह मेरे लिए बड़े सौभाग्य की बात होगी कि नेताजी के साथी मेरे प्रोडक्शन में काम कर रहे हैं। मैंने उनका धन्यवाद करते हुए प्रार्थना की कि पंडित नेहरू का आदेश हैं कि आई.एन.ए. 'आर्केस्ट्रा' सारे देश का भ्रमण करके नेताजी

का संदेश अपने संगीत द्वारा देशवासियों को सुनाएगा, इसलिए मैं इस समय मजबूर हूं, परन्तु किसी भी समय यदि आपको मेरी और मेरे 'आर्केस्ट्रा' की आवश्यकता हो तो मैं अपने साथियों सहित अवश्य हाजिर होऊंगा।

दूसरे दिन शाम को कर्नल पी.के. सहगल साहब ने तमाम आई.एन.ए. के अफसरानों को बुलाया। रानी झांसी रेजीमेंट की कर्नल लक्ष्मी भी वहां मौजूद थीं और लाहौर के बड़े-बड़े सेठ-साहुकारों को भी प्रोग्राम सुनने के लिए बुलाया गया था। हमारे प्रोग्राम को सुनकर सभी बड़े प्रसन्न हुए और उन सेठ-साहुकारों ने 35 हजार रुपए पार्टी को दिए। जिस दिन भारत में अन्तिरम सरकार बनने की घोषणा हुई उसी शाम को लाहौर के कपूरथला मैदान में हमारे 'आर्केस्ट्रा' का शो हुआ। उसमें भी हमें कई हजार रुपए मिले। दूसरे दिन हम लोग लाहौर से शिमला रवाना हुए, वहां कालीबाड़ी हाल में पंजाब आई.एन.ए. ड्रामा कर रहीं थी, हम लोगों ने भी उस हॉल में अपने 'आर्केस्ट्रा' का प्रदर्शन किया। एक हफ्ते बाद हम लोगों को मसूरी म्यूनिसिपलिटी में प्रोग्राम करने के लिए मसूरी जाना पड़ा। वहां का इंतजाम कर्नल महबूब अहमद ने किया था। हफ्ते में तीन बार हम सार्वजनिक मनोरंजन के लिए दो घंटे का प्रदर्शन करते थे। उसके अलावा डायमण्ड होटल, स्वाश होटल, स्टेंड्ड होटल, और स्केटिंग रीम हॉल में भी प्रदर्शन देते थे। हमारे साथ टेनीसेन दीदी, बूनी, श्रीमती गुप्ता नृत्य का प्रदर्शन दिया करती थीं, जिससे हमारे प्रोग्राम में चार चांद लग जाते थे। कर्नल चोपड़ा ने हमारी पार्टी के लिए गर्म सूट का इंतजाम कर दिया। मसूरी से देहरादून आकर भी हम लोगों ने अपना प्रोग्राम दिया। मसूरी के बाद हम लोग लखनऊ आए। बटलर पैलेस में आई.एन.ए. रिलीफ कमेटी थी। कर्नल जे.डी. जहांगीर कमेटी के इंचार्ज थे। हमारा प्रोग्राम लखनऊ में सबसे प्रथम गंगा मैमोरियल हॉल में तीन दिन तक हुआ। वहां हमने 'सिपाही का सपना' नाम का ड्रामा किया। नावन हिन्डोला गुरूद्वारा में भी हमारा प्रोग्राम हुआ और हजरतगंज प्रीमियर मोटर हॉल में भी प्रोग्राम दिया गया जहां लच्छू महाराज ने अपने कत्थक नृत्य में राधा-कृष्ण का आंख-मिचौनी भाव के द्वारा दर्शकों का मन मुग्ध कर लिया। उस समय हमारे मंत्री रफी अहमद किदवई साहब भी वहां मौजूद थे। लखनऊ आकर मैंने गाजीपुर से नजीर हुसैन साहब व ड्रामा पार्टी के दीगर लोगों को भी लखनऊ बुलाया।

सन 1946 में जब कांग्रेस का सालाना अधिवेशन मेरठ में होने का निर्णय हुआ तो पंडित नेहरू ने हमारी पार्टी को मेरठ पहुंचने की खबर दी। हम लोग लखनऊ से मेरठ पहुंचे जहां जनरल शाहनवाज खां, जनरल नागर, कर्नल रतौड़ी इस कांग्रेस अधिवेशन का कार्य-भार सम्भाले हुए थे। इस अधिवेशन में अधिकतर आई.एन.ए. के जवानों ने पूरा काम संभाला था। जिस दिन अधिवेशन का प्रथम दिन था उस दिन तमाम नेताओं को पंडाल के अन्दर प्रवेश होना था तो सरोजिनी नायडूजी ने कहा, राम सिंह पंडाल में प्रवेश करते वक्त आप क्या धुन बजा कर हमें पंडाल के अन्दर ले चलेंगे? मैंने कहा माताजी, 'मैं कदम-कदम बढ़ाए जा खुशी के गीत गाए जा, ये जिंदगी है कौम की तू कौम पर लुटाये जा' की धुन बजाकर पंडाल के अन्दर ले जाऊंगा। तो जब मैं यह धुन बजाकर उन लागों को अन्दर ले गया तो पंडाल के अन्दर जो लोग थे उन्होंने ताली बजाकर नेताओं का स्वागत किया। कार्यक्रम का प्रारम्भ सुचेता कृपलानी ने शान्ति निवेदन के साथ सारे जहां से अच्छा, हिन्दोस्तान हमारा से किया। वहां जो मेरठ से लोग थे उन्होंने पंडित नेहरू से प्रार्थना की कि आप कल स्टेज पर कैप्टन राम सिंह और उनके साथियों का प्रोग्राम शुरू करें, तो वैसा ही हुआ। लोगों ने 25 हजार रुपए तक की टिकटें खरीदी। टिकट खत्म हो गए, तो हर गेट पर जो जवान खड़े थे लोगों ने 10, 20, 30 जितने भी रुपए थे उन्हें थमा कर पंडाल में प्रवेश किया। वह धन भी जवानों ने एकत्र करके दे दिया। करीब 15 हजार रुपए जमा हुए थे।

मेरठ में 1946 में हुए कांग्रेस अधिवेशन में हमारी पार्टी को काफी सफलता मिली। अधिवेशन में आए हुए लोगों ने हमारे आर्केस्ट्रा प्रदर्शन को बहुत पसन्द किया। श्रीमती चिमनलाल, जरनलिस्ट ने मुझे दिल्ली आने का निमंत्रण दिया और मेरी आर्केस्ट्रा का प्रदर्शन दिल्ली में कराने का आश्वासन दिया। इस प्रदर्शन से मुझे भारत के सभी बड़े-बड़े नेताओं से मिलने का शुभ अवसर मिला। सरहदी गांधी खान अब्दुल गफ्फार खां ने भी मुझे पेशावर आने का निमंत्रण दिया। नेपाली कांग्रेस के प्रेजीडेंट एम.पी. कोइराला ने भी पटना आने का निमंत्रण दिया। इसी तरह भारत के कई प्रान्तों ने मेरी पार्टी को निमंत्रण दिया। जनरल मोहन सिंह भी इस प्रदर्शन में आए थे। प्रदर्शन सफलतापूर्वक समाप्त हुआ और हम लोग दिल्ली, 82 दरियागंज पहुंचे। उस समय रिलीफ कमेटी के अध्यक्ष कर्नल हबीबूरहमान थे। उन्होंने हमारी पार्टी

का रहने का इन्तजाम सुन्दर होटल, दरियागंज में किया। हम लोगों के आर्केस्ट्रा का प्रदर्शन दिल्ली के कई कालेजों में और रामलीला ग्राउंड में हुआ। श्रीमती चिमनलाल ने हमारी पार्टी का प्रोग्राम ओडियन सिनेमा हॉल, कनाट प्लेस, में किया जिसकी टिकट की दर 100 रुपए, 50 रुपए 35 रुपए रखी। विद्यार्थियों के लिए इसकी दर 10 रुपए रखी गई। हमारा प्रोग्राम रविवार के दिन सुबह के योग में रखा गया। इस प्रोग्राम के उद्घाटन के लिए पट्टाभि सीतारमैय्या आए थे। ओडियन का हाल जनता से खचाखच भरा हुआ था। पट्टाभि सीतारमैय्याजी जब प्रोग्राम के उद्घाटन के लिए स्टेज पर आए तो मैंने उनको फूलों की माला पहना कर उनका अभिवादन किया। पट्टाभि ने नेताजी की प्रशंसा की और हमारी आर्केस्ट्रा पार्टी को शुभकामनाएं देते हुए उनके आशीर्वाद के साथ हमारे प्रदर्शन का शुभारम्भ हुआ। प्रदर्शन पूरा दो घंटे का था। आर्केस्ट्रा प्रोग्राम के अलावा वहां सिपाही का सपना ड्रामा भी दिखाया गया। सभी ने हमारे प्रोग्राम की बड़ी प्रशंसा की और हमारे आई. एन.ए. के गीतों की किताब की भी वहां काफी बिक्री हुई। लोगों ने किताबों के मनमाने दाम दिए। डेढ़ हजार रूपये आई.एन.ए. के गीतों की किताब से मिले और तीन हजार रुपए श्रीमती चिमनलाल से मिले। उन्होंने जो टिकटें छपवाई थीं, उसका खर्चा काट कर उन्होंने बाकी तीन हजार रुपए मुझे दे दिए। मैंने वह धन और मेरठ से लाए हुए धन, सबको आई.एन.ए. रिलीफ कमेटी, 82 दरियागंज, के दफ्तर में जमा करवा दिया। बाद में श्रीमती डा. एस.के. भारद्वाज ने 28 बाराखम्बा रोड में, मुझे बुलाकर एक और प्रयोग केवल आर्केस्ट्रा गीत भरत् नाट्यम और कत्थक कली नृत्य प्रदर्शन ओडियन सिनेमा हॉल में करने का निर्णय लिया। टिकटों की छपवाई, उनकी बिक्री और प्रोग्राम के लिए नृत्य करने वाले कलाकारों का इंतजाम भी श्रीमती भारद्वाज ने ही किया। उन्होंने मुझसे इस बात पर जोर दिया कि राम सिंह इस प्रयोग में जितने पैसे वसूल होंगे, उसमें से आधी रकम अगर तुम आर्केस्ट्रा पार्टी की तरफ से गरीब हरिजन बच्चों के लिए और नेत्रहीन बच्चों के लिए दान में दो तो बहुत ही अच्छा होगा। इससे तुम्हारा और तुम्हारे आर्केस्ट्रा का नाम होगा। मेरी एक इच्छा यह भी है कि अब तुम दिल्ली छोड़ कर कहीं मत जाओ। मैं तुम्हारे जवानों के लिए रहने का इंतजाम कर दूंगी और नेताजी के नाम से एक स्कूल खोल दिया जाएगा जिसमें अमीर, गरीब सभी बच्चों को संगीत तथा देशभक्ति के गाने सिखाए जाएंगे।

यह क्लास दिन में तीन बार चलाई जाएगी। इसकी फीस दो रुपए से लेकर केवल पांच रुपए तक होगी। इसके अलावा आपसे उस स्कूल को चलाने के लिए किसी भी बात की आवश्यकता हो तो मैं उसे पूरा करूंगी।

हमारा प्रोग्राम 15 दिन के बाद दोबारा फिर ओडियन मैं दिखाया गया जिसमें हमें पांच हजार रुपए का लाभ हुआ। मैंने ढ़ाई हजार रुपए गरीब हरिजनों के बच्चों की सहायता के लिए डा. एस.के. भारद्वाज को दे दिए। दिल्ली में जब तक हम लोग रहे हमारा प्रदर्शन कहीं-न-कहीं होता रहा। एक बार चांदनी चौक में भी हमारा प्रोग्राम हुआ था। प्रदर्शन में पंडित जवाहरलाल नेहरू मुख्य अतिथि थे। उसमें नेताजी सुभाष चन्द्र बोस के सगे भतीजे अरविन्द बोस भी थे। एक बार दिल्ली क्लाथ मिल में भी हम लोगों का प्रदर्शन हुआ था जिसमें मध्य प्रदेश के मुख्य मंत्री रवि शंकर शुक्ल मुख्य अतिथि थे। वहां डम्बर सिंह गुरूंग, दार्जिलिंग निवासी भी मौजूद थे। हमारा प्रोग्राम बहुत सफल रहा। रवि शंकर शुक्लजी ने हम लोगों को आशीर्वाद दिया और कहा कि कैप्टन राम सिंह और इनके साथियों का यह प्रदर्शन देश के हर प्रांत में होना चाहिए ताकि नेताजी का दिया हुआ मुग्ध मंत्र एकता, विश्वास और बलिदान तथा जय हिन्द का नारा जो उन्होंने आज सारे भारतवासियों के लिए दिया है हर भारतवासी के दिल में रम जाए।

कुछ दिन बाद हम लोग दिल्ली से पटना पहुंचे। वहां जाकर हम लोगों ने बिहार के कई शहरों और कस्बों में अपना प्रदर्शन किया। हिन्दू-मुस्लिम झगड़ों और फसादों को रोकने में और शान्ति स्थापित करने में हम लोगों ने अपना पूरा योगदान दिया। पटना की यात्रा के दौरान ही जब दिल्ली में प्रथम एशियन रिलेशन्स कान्फरेंस हुई तो मुझे पंडित जवाहरलालजी ने पूरी आर्केस्ट्रा पार्टी सहित उस कान्फरेंस में प्रोग्राम देने के लिए दिल्ली आने का निमंत्रण दिया, परन्तु पटना में हम लोग बहुत जगह अपने प्रोग्राम दिखाने के दिन तय कर चुके थे, इसलिए पार्टी दिल्ली नहीं आ सकी। मैं अकेला अपनी वायलिन के साथ एशियन कान्फरेंस के लिए दिल्ली रवाना हुआ। दिल्ली में एच.वी. कामथ के साथ मेरा ठहरने का इंतजाम था। उसके बाद मैं फिर पटना वापस आ गया। पटना में हम लोगों ने कई प्रोग्राम दिए। उसके अलावा सीतामणि, जलपाईगुड़ी और कई गांव-गांव में जाकर नेताजी का प्रोग्राम सुनाया। अप्रैल 1947 में हमारी पार्टी को दो महीने को घर जाने की छुटटी दी गई।

हम 23 मई 1947 को धर्मशाला पहुंचे। हम लोगों ने वहां भाक्सूनाथ मंदिर में जाकर पूजा की। भंडारा का प्रसाद पाने के लिए हम लोगों ने धर्मशाला के सभी वासियों को, पलटन के लोगों तथा डल, तोतारानी, चांदमारी, फुर्सेटगंज के लोगों को बुलाया।

जुलाई 1947 में हमें फिर से मसूरी नगरपालिका से बुलावा आया, हम गए। वहां किताबघर में हम लोगों ने हफ्ते में तीन बार प्रोग्राम देना शुरू किया। उसके अलावा डायमंड होटल, ग्रेंड होटल, स्वाय होटल, स्टेंडर्ड होटल, लिंक हॉल में प्रोग्राम देते रहे। तेरह अगस्त 1947 को दिल्ली पहुंचे। पन्द्रह अगस्त 1947 को जब हमारा देश आज़ाद हुआ तो भारत के प्रथम प्रधानमंत्री पंडित जवाहरलाल नेहरू ने अपने कर-कमलों से लाल किले पर तिरंगा झंडा फहराया था। उस समय आई.एन.ए. आर्केस्ट्रा ने आज़ाद हिन्द फौज के कौमी तराने की धुन बजाई और वह गीत गाया भी। आज हमारे भारत में राष्ट्रीय गान की वही धुन है जो हमने 15 अगस्त 1947 को लाल किला में बजाई थी और 21 अक्तूबर 1943 में सिंगापुर में जब हमारी आरजी हुकूमत बनी थी तब कैथे बिल्डिंग में बजाई थी। भारत के राष्ट्रीय गीत को गुरूदेव रवीन्द्रनाथ टैगौर ने बनाया और उसी गीत को नेताजी की प्रेरणा से हिन्दी में अनुवाद करके आज़ाद हिन्द फौज का राष्ट्रीय गान, कौमी तराना, बनाके गाया था। इस गीत की धुन सबसे प्रथम मैंने नेताजी के आदेश पर सिंगापुर में बनाई थी। नेताजी को यह धुन बहुत पसंद आई।

भारत आने के बाद हम लोग हर प्रदर्शन में, प्रोग्राम की समाप्ति पर आज़ाद हिन्द फौज का कौमी तराना गाया करते थे। पंडित जवाहरलालजी ने एक किताब में इस राष्ट्रीय गीत के बारे में और वंदे मातरम् के बारे में टीका-टिप्पणी की है। किताब का नाम ऑवर नेशनल एन्थम है जिसमें उन्होंने स्पष्ट शब्दों में लिखा है कि आज हम जो राष्ट्रीय गीत गा रहे हैं उसे हमारी सरकार ने पास किया है। इस धुन को आज़ादी से पहले फार ईस्ट एशिया में नेताजी सुभाष चन्द्र बोस ने बनवाया था। आज़ाद हिन्द फौज में यह धुन राष्ट्रीय गीत, कौमी तराना, के रूप में गाई जाती रही है। भारत आकर इस राष्ट्रीय धुन को आज़ाद हिन्द फौज ने लोकप्रिय किया और आज उसी धुन पर हम लोग अपना भारत का राष्ट्र गान गाते हैं।

इसके बाद हमारी पूरी पार्टी कलकत्ता गई। सुधीर राय चौधरी ने कलकत्ता कारपोरेशन के मेयर के नाते और नेताजी के सच्चे समर्थक होने के नाते हमारी पार्टी के रहने के लिए 35, लोअर सरकूलर रोड में एक आलीशान बिल्डिंग में इंतजाम किया। हमारी पार्टी की देख-रेख उस समय कर्नल महबूब अहमद करते थे। कलकत्ता में रह कर हम लोगों ने कई स्थानों पर अपना प्रोग्राम दिया, कृष्णा नगर, राना घाट और कई जगहों में हमारा प्रोग्राम होता था। एक बार हम लोगों का कलकत्ता से सिलचर आसाम में एक हफ्ते का प्रोग्राम बुक हुआ था। राना घाट से स्टीम बोट द्वारा हम सिलचर गए। शाम के 4 या 5 बजे थे, ब्रह्मपुत्र में भयंकर तूफान आया। वह तूफान दो घंटे तक एक ही रफ्तार से चलता रहा। जहाज के लोहे की जंजीर समुद्र में फेंक दी गई। तूफान ने लोहे की जंजीर को भी तोड़ डाला। हम लोग ईश्वर से प्रार्थना करते रहे, मुसलमान भाईयों ने नमाज पढ़नी शुरू की, आखिर ईश्वर ने हमारी सुनी, तूफान शांत हुआ और रात के 10 बजे हम लोग ब्रह्मपुत्र नदी पार कर पाए। फिर हम रेल में बैठ कर सिलचर की ओर रवाना हो गए। जब हम लोगों ने पूर्वी पाकिस्तान का बार्डर पार किया तो पाकिस्तान के एक रेलवे स्टेशन में कुछ रेलवे सिपाहियों ने आकर हमारे सामान को बाहर निकालने का आदेश दिया। हम लोगों ने उनके अफसर इंचार्ज को सुहरावर्दी, मिनिस्टर बंगाल का लिखा हुआ पत्र दिखाया जिसमें उन्होंने लिखा था कि हमारी पार्टी को रास्ते में किसी बात की भी कठिनाई न हो। उनके पत्र की वजह से हम लोगों को पाकिस्तान के सिपाहियों ने पूरे सामान सहित जाने का आदेश दिया। हम लोग टूटे-फूटे रास्ते से सिलचर पहुंचे। होटल में हम लोगों को ठहराया गया था। दूसरे दिन से रोजाना तीन शो एक हफ्ते तक चलते रहे। हर शो में हाल खचाखच भरा रहता था। असम गोरखा राइफ्लस की पूरी यूनिट को हमारा शो दिखाने के लिए एक दिन रखा गया। उन्होंने शो देखने के बाद कहा कि आपका प्रोग्राम निहायत ही जोशीला और देश के हित में है। यह शो हम लोगों को बहुत ही पसंद आया। उन्होंने यह भी कहा कि यहां से अगर आप दार्जिलिंग जाएं और वहां के हर जिले में आपका प्रोग्राम दिखाया जाए तो वहां के लोग आपके प्रोग्राम को देख कर बहुत प्रसन्न होंगे। हमें कलकत्ता से जो आदमी सिलचर लाया था-उसी के इंतजाम से यहां का प्रोग्राम हुआ था-एक दिन वह रोनी सूरत बना कर कहने लगा कि कैप्टन साहब,

हम को यहां के लोगों ने धोखा दिया। इन्होंने इतने दिन का आप लोगों के खाने का खर्च, रहने का किराया छोड़ कर कुल ढ़ाई सौ रुपए दिए हैं और झूठ-मूठ रोने लगा। मैं उसकी चालबाजी समझ गया। मैंने कहा भाई साहब, कोई फिक्र की बात नहीं है। मैंने पार्टी को आदेश दिया कि सुबह आर्केस्ट्रा बजाते हुए, हाथ में झोला फैलाये सिलचर के दुकानों में कलकत्ता लौटने का किराया मांगेंगे। और सब दुकानदारों को जानकारी देंगे कि हमें कलकत्ता से सिलचर आते समय बताया गया था कि अब तक बीस हजार रुपए के टिकट बिक चुके हैं और रोज धड़ाधड़ बिक रहे हैं। रोज तीन शो होने के लिए हाल बुक हैं। तो इस किस्म का लारा-लोपा दे कर हम सीधे-साधे फौजियों को जाल में फंसाया गया। रास्ते में ब्रह्मपुत्र में तूफान आ गया था लेकिन ईश्वर की कृपा से हम बच कर निकल आए लेकिन सिलचर में लाकर इन लोगों ने हमें आज जिंदा मार डाला। तो ये बात जब मैंने कही और ढ़ाई सौ रूपये लाने वाले श्रीमानजी को अपना निर्णय सुनाया तो वह हाथ जोड़ कर कहने लगे कि नहीं भाई, ऐसा प्रदर्शन मत करो, नेताजी के नाम को धब्बा लग जाएगा। मैं दोबारा यहां के प्रबन्धक अधिकारियों से मिल कर जितना पैसा हो सकेगा, ले कर आऊंगा। तो वह भागा शहर की ओर। दूसरे दिन आकर कहने लगा लो भाई, बड़ी मुश्किल से एक हजार रुपया मांग कर लाया हूं। वह कह रहे थे कि शो में सब आदमी बिना टिकट के घुस जाते थे इसलिए पैसा वसूल नहीं हो पाया। यह एक हजार भी मैं अपनी तरफ से दे रहा हूं। मैंने कहा छोड़ो, चलो कलकत्ता लौटें। फिर कलकत्ता लौटने का इंतजाम किया, कुछ तले हुए चने खरीद लिए। चने चबाते राना घाट के बन्दरगाह पर उतरे। जहाज से उतरते समय हमारा काफी सामान छीन लिया गया और मेरे जिस्म पर तो केवल एक निकर ही रह गयी थी। मुझे नंगा कर के जहाज से बाहर उतारा। मैंने अपने साथियों से कहा भाइयों, आज़ाद हिन्द फौज की एक टुकड़ी हाथों में तिरंगा झण्डा लेकर यहां पहुंची थी, और इससे आगे वह बढ़ न सकी थी, आज उसी आज़ाद हिन्द फौज का आर्केस्ट्रा एण्ड ड्रामाटिक पार्टी का झण्डा भी यहीं सिलचर में आ कर ठंडा हुआ। अब कलकत्ता चल कर आगे का ठोस प्रोग्राम बनाएंगे और अब हमें इस तरह के लुटेरों की बात में फंसना नहीं चाहिए।

कलकत्ता में हम लोगों ने इन्द्रपुरी फिल्म प्रोडक्शन में सिपाही का सपना नाम की एक फिल्म बनाई, जिसकी कहानी लेफ्टिनेंट नजीर हुसैन ने लिखी थी।

फिल्म का डायरेक्शन मजुमदार ने किया था। इस फिल्म के प्रोडूयसर स्वामी थे, म्यूजिक कैप्टन राम सिंह ने दिया था। कलाकार आल इंडिया आई.एन.ए. आर्केस्ट्रा एण्ड ड्रामाटिक पार्टी के थे। इसके अतिरिक्त आई.एन.ए. के गाने डमडम में एच.एम.वी. में रिकार्ड किए गए। इस फिल्म 'सिपाही का सपना' की ओपनिंग 23 जनवरी 1948 के शुभ दिन, जिस दिन नेताजी का भी जन्म दिवस था, की गई और यह फिल्म 27 सिनेमा हालों में चलाई गई। फिल्म का उद्घाटन सुधीर राय चौधरी, लॉड मेयर, कलकत्ता कारपोरेशन ने की थी। सुबह 9 बजे श्री सिनेमा हाल में मुझे 23 हजार रुपए की थैली दे कर नेताजी के जन्म दिन का सम्मान किया और शाम को 6 बजे देशबन्धु पार्क में आम लोगों के सामने नेताजी की जीवन गाथा और आज़ाद हिन्द फौज के कारनामों पर रोशनी डाली गई। कालेज के छात्र-छात्राओं का सुन्दर प्रदर्शन रहा और वहां की जनता से मेरे संगीत और मेरे कारनामों का परिचय दिया। उस शाम को भी मुझे ढ़ाई हजार की थैली भेंट की गई। समारोह समाप्ति के बाद हम सब पार्टी के लोग सुधीर राय चौधरी के घर खाना खाने गए।

कुछ दिन बाद हम लोगों को 35 लोअर सर्कूलर रोड वाली बिल्डिंग से अलीपुर में एक सरकारी बिल्डिंग में शिफ्ट करना पड़ा। हम लोगों की हालत दिन प्रति-दिन गिरने लगी और हम लोग रोटी के लिए मोहताज होने लगे। इतने पैसे कमाए, फिल्म बनाई, आई.एन.ए. गानों की रिकार्डिंग की, हजारों रूपयों की थैली हमें जनता की ओर से मिली, लेकिन न मालूम वे सब कहां खर्च किए गए। हमें जो मामूली माहवार तनख्वाह मिलती थी वह भी बंद हो गई। फिर मैं शरत चन्द्र बोस से मिला और उनको अपनी पार्टी की दूर्दशा का हाल सुनाया। उन्होंने कहा राम सिंह, मैंने तुम्हें पहले ही कहा था कि तुम सीधा घर जाओ और वहां से कुछ दिन बाद मुझे पत्र लिखना, मैं तुम्हें खर्चा भेजूंगा और तुम सीधा कलकत्ता जा कर नेताजी भवन में रहना, मैं तुम्हारी इच्छा के मुताबिक आई.एन.ए. आर्केस्ट्रा बना दूंगा। लेकिन तुमने मेरी बात पर कोई ध्यान नहीं दिया, उसका नतीजा यह हुआ कि आज तुम लोग कलकत्ता में आकर रोटी के मोहताज हो गए, अब मैं तुम्हारी क्या मदद कर सकता हूं। फिर उन्होंने एक माह के लिए मेरी पार्टी के लिए राशन बगैरह मंगवा दिया और कुछ रुपए भी दिए, मैं उनकी इस दया का एहसान जिंदगी भर नहीं भूल सकता।

मुझे मालूम हुआ कि कर्नल चोपड़ा, आज़ाद हिन्द फौज के, कलकत्ता में ही सिमेन्ट फैक्ट्री में मैनेजर हैं। मैंने अपना दुखड़ा उनको सुनाया, उन्होंने हमारी पार्टी के तीन जवान अवतरा सिंह, प्रीतम सिंह और शेर सिंह को अपने दफ्तर में चपरासी भर्ती कर लिया। उस समय उनकी तनख्वाह 75 रुपए महावार थी, जिसमें से वे तीनों जवान पांच-पांच रुपए, केवल पन्द्रह रुपए, हमारी लंगर का खर्चा चलाने को देते थे। गुलाब सिंह और गणेश बहादुर ऐसी दशा में हमें छोड़ कर अपने घर चले गए और गुलाब सिंह गुरूंग, श्याम सिंह गुरूंग और शेर बहादुर राना हमारी पार्टी से बाजे चुरा कर डायमंड सर्कस में बांकुरा चले गए। वहां वे मिस्टर जैकराथ, दार्जलिंग निवासी, के बैण्ड में जाकर भर्ती हो गए। प्रेम चरण विष्ट हमसे अलग हो कर दूसरी जगह आई. एन.ए. आर्केस्ट्रा का बोर्ड लगा कर अपना धंधा करने लगे।

पंकज मलिक न्यू थियेटर के म्यूजिक डायरेक्टर ने मेरी पार्टी को सुनने के लिए अपने स्टूडियो में बुलाया, वह मुझे पहले से जानते थे। मैंने उनको उन्हीं की बनाई हुई धुन 'पिया मिलन को जाना बजा कर सुनाई, वह इतने मुग्ध हुए कि शायद पहले कभी न हुए हों। मुझसे उन्होंने उस धुन को तीन बार बजवाया और खुद मेरे आर्केस्ट्रा' में गाया। बाद में वह आर.सी. बोरल के स्टूडियो में पहुंचे और उन्हें 'पिया मिलन को जाना' धुन सुनाने के लिए अपने स्टूडियो में लाए। मैंने उनके आगमन पर पार्टी को सावधान करके उनका अभिनन्दन किया। बोरल साहब कहने लगे कि राम सिंह पंकज मलिक साहब आपकी पिया मिलन को जाना की धुन को, सुन कर मुग्ध हो गए हैं। अब मुझे भी सुनाइए। जब मैंने उन्हें सुनायी तो बोले, बाप रे बाप, की सुन्दर अरेजमेंट करूची, वाह-वाह। फिर शाम को 6 बजे वे मुझे नदी किनारे ले गए। वहां उन्होंने कुछ व्हिस्की पी और मुझे भी दी। मैंने कहा मैं तो नहीं पीता हूं। उन्होंने मुझे नमकीन और चाय पेश किया और अपनी बंगाली भाषा में दोनों आधे घंटे तक मेरे विषय में गुफ्तगू करते रहे। बाद में हम लौटे। पंकज मलिक ने मुझे गाड़ी से अपने कैंप पहुंचाने का इंतजाम कर दिया और कहा राम सिंह आप कल 11 बजे सुबह मेरे स्टूडियो में पहुंचो। मैं दूसरे दिन पहुंचा। पंकज मलिक दफ्तर में बैठे थे, मुझे अन्दर आने की घंटी बजाई। मैंने प्रणाम किया। वह बोले, बैठो राम सिंह। राम सिंह मैंने और आर.सी. बोरल ने न्यू थियेटर के मालिक से आपको अस्सिटेंट डायरेक्टर के पद पर लेने की सिफारिश की है

और सरकार साहब इस बात पर सहमत है। राम सिंह इस समय ईश्वर और आपके सिवा इस कमरे में कोई भी नहीं है जो हमारी बातों को सुन रहा हो, आप मुझे बताइए कि आपको मुझे कितनी तनख्वाह देनी होगी? मैंने हाथ जोड़ कर कहा गुरूदेव, मुझे तो आपने सब कुछ दे दिया है, अब मैं क्या तनख्वाह मांगू। हां, अगर आप मेरी मांग को पूरा कर सकें तो कहूं। उन्होंने कहा, कहो राम सिंह, मैं आपकी मांग को पूरा करने की पूरी कोशिश करूंगा। मैंने कहा गुरूदेव मैं आपके कर-कमलों में आजीवन रहना चाहता हूं। आपके कमरे, बिस्तर सबको साफ-सूथरा रखूंगा, और आपके भोजन से बचे हुए भोजन को प्रसाद के रूप में स्वीकार करूंगा। आप जो कुछ संगीत के ज्ञान का रास्ता मुझे दिखाएंगे मैं उसे दिन-रात लगन से सीखूंगा। मेरी यह गुजारिश है कि मुझे तो आप अपने आर्केस्ट्रा में अस्सिटेंट के रूप में ले रहे हैं, परन्तु मेरे ये बाकी साथी कहां जाएंगे, इन्हें भी अगर हो सके तो अपने और बोरल साहब के आर्केस्ट्रा में रख लें तो इनकी भी कठिनाई दूर हो जाएगी। ऐसा होना असम्भव ही था। मैं अपनी आर्केस्ट्रा पार्टी को नहीं छोड़ सका। मैं जानता था कि यह मेरी जिंदगी में एक बहुत बड़ा इम्तिहान हो रहा है और मुझे सफलता पूर्वक इस संकट को झेलते हुए अपनी नैया को भंवर से किनारे लगाना है। फिर तो मुझे बंगला खाली करने का भी नोटिस मिलने लगा। उस बंगले को सार्वजनिक अस्पताल बनाने का निर्णय लिया गया था। मैंने कुछ दिनों के लिए उस बंगले में रहने की प्रार्थना की। नजीर हुसैन को बिमल दादा प्रोडशन में सौ रूपये माहवार पर नौकरी लगवा दी। वह सुबह स्टूडियो जाने थे और शाम को 7 बजे लौटते थे। बड़े परेशान नजर आते थे। मैंने पूछा भइया नजीर, बड़े परेशान नजर आ रहे हो, तो कहने लगे नहीं जी, मुझे दिन भर कुलियों की तरह रौंदते हैं और बिमल दादा तो मुड़ कर भी कभी नहीं देखते। मैंने कहा घबराइये मत, एक दिन बिमल दादा तुम्हारी कला की बहुत कदर करेंगे, वह तुम्हारी जिंदगी में पहले आदमी होंगे जो फिल्म इंडस्ट्री में तुम्हारे नाम और तुम्हारे काम को रोशन करेंगे।

एक दिन सुबह पुलिस के कुछ सिपाहियों ने आकर मुझे बंगला खाली करने का आदेश दिया। मैंने कहा अभी हम बंगला खाली नहीं करेंगे। तो कहने लगे चलो फिर तुम सब को जेल में बंद कर दिया जाए। मैंने कहा कि हमारे लिए जेल में बंद होना तो बहुत ही अच्छा रहेगा। कम-से-कम वहां दोनों टाइम दाल-रोटी तो मिलेगी। तो वे लोग और गर्म हुए, कहने लगे कि

हम तुम्हारे सामान को बाहर फेंक कर बंगले में ताला लगा देंगे। मैंने उनसे नम्रता पूर्वक कहा कि हमारे सामान को बाहर फैंकने से पहले हम उनसे इजाजत तो ले, देखो वह क्या कहते हैं। तो पुलिस के लोग कहने लगे अरे, वह कौन है जिससे तुम लोगों को इजाजत लेनी है? मैंने कहा हमारे गुरुदेव से, जो सदा हमारे साथ रहते हैं। वे बोले तो चलो अन्दर, उनसे पूछ लें। सब पुलिस कर्मचारी मेरे साथ अन्दर आए। मैंने उनको आदर भाव के साथ कमरे में बैठाया। सामने दीवार पर नेताजी की एक बड़ी फोटो लगी हुई थी, पुलिस के जवान, मुझको कहने लगे, कहा है तुम्हारे गुरू, बुलाओ जल्दी, हमें देर हो रही है। मैंने कहा, यह देखते नहीं, सामने नेताजी की फोटो लगी है यही हमारे गुरू है। इन्हीं की कृपा से, इन्हीं द्वारा दिए गए मुग्ध मंत्र–भूख, प्यास सख्त–से–सख्त तकलीफ, अन्त में मौत का प्रसाद हम लोगों को प्राप्त हुआ है। अगर यह इस वक्त मुझको आदेश दे दें कि मैं यह बंगला खाली कर दूं तो मैं फौरन ही बंगला खाली कर दूंगा, वरना मैं किसी भी हालत में इस बंगले को नहीं छोड़ूंगा। जब तक मेरे साथियों का और मेरा रहने का इंतजाम नहीं होगा तब तक मैं यह बंगला खाली नहीं करूंगा। पुलिस इंस्पेक्टर साहब, आप मुझे क्षमा करें, अब हमारे मुसीबत के दिन समाप्त होने जा रहे हैं। मुझे पूरा विश्वास है कि नेताजी हमारी पार्टी के लिए कोई अच्छा सा घर ढूंढ रहे हैं, जिसमें हम हमेशा रह सकेंगे और मुल्क की सेवा करेंगे। सभी पुलिस के जवान हंसते हुए कहने लगे कि राम सिंह तुम पागल तो नहीं हो गए, क्या नेताजी की तस्वीर बोलेगी? मैंने कहा भाई साहब, नेताजी की तस्वीर जरूर बोलेगी, इस अंधेरे से निकाल कर उजाले का मार्गदर्शन देगी। फिर मेरी आखों से आंसू भर आए और मैं रोने लगा, ओ नेताजी, ये क्या हो रहा है। मेरे दुख को देख कर पुलिस के जवानों को रहम आ गया और वे मुझे छोड़ कर चले गए, जाते समय कह गये कि हमें तुमसे मिल कर यह महसूस हुआ कि तुम्हारा विश्वास नेताजी पर अटल है और सदा अटल रहेगा। बाद में मैं उसी फोटो के नीचे लेट गया, मुझे नींद आ गई। थोड़ी देर में पोस्टमैन ने मुझे जगा कर कहा कैप्टन राम सिंह, आपका टेलीग्राम आया है। टेलीग्राम खोल कर मैंने नेताजी की तस्वीर के आगे उसको पढ़ा। उसमें लिखा था कि कैप्टन राम सिंह, आप तुरन्त लेन्सडाऊन, फ्लेग स्टॉफ हाऊस में आ कर मुझसे मिलो। आपके और आपकी पार्टी की नौकरी के लिए मैंने आई.जी., यू.पी. पुलिस, बी.एन. लहरी

और डी.आई.जी., पी.ए.सी. के शान्ति प्रसाद से बातचीत कर ली है। उत्तर प्रदेश की राज्यपाल सरोजिनी नायडू ने भी अपनी इच्छा प्रकट की है कि आप पूरी पार्टी के साथ 15 अगस्त 1948 से पहले लखनऊ पहुंच जाएं। बाकी वार्ता आपसे मिलने पर होगी, आपका भाई कर्नल पी.एस. रतौड़ी, कमान्डेंट 9वीं बटालियन, पी.ए.सी. लेन्सडाऊन, गढ़वाल। टेलीग्राम पढ़कर मेरी आंखों में खुशी के आंसू छलकने लगे। मैंने कहा नेताजी, आपने हमें इस इम्तिहान में उतीर्ण पाया और आज आपने हमें उसका फल दिया जो मुझे कर्नल पी.एस. रतौड़ी द्वारा प्राप्त हुआ। फिर मैं लेन्सडाऊन की तरफ रवाना हुआ। लेन्सडाऊन पहुंचने पर मैं फ्लेग स्टाफहाऊस में तीन दिन रहा। रतौड़ी साहब ने हमारी पार्टी को पी.ए.सी. में भर्ती हो जाने का समाचार दिया। मैंने लेन्सडाऊन से अपने सभी साथियों को पत्र लिखा कि आप लोग मेरे दूसरे पत्र के पाते ही लखनऊ के लिए चल दें, मैं भी पूरी पार्टी सहित लखनऊ पहुंच जाऊंगा। लौटते समय कर्नल साहब ने मुझे सौ रुपए खर्च के लिए अपने रिलीफ फण्ड से दिए। मैं लेन्सडाऊन से एक हफ्ते के लिए धर्मशाला गया। मेरा लड़का पैदा हुआ था, जिनको आज हम रमेश ठाकुर कह कर पुकारते हैं। मैंने अपने पी.ए.सी. में भर्ती होने की खबर अपने माता-पिता और पत्नी को बताई कि हमारे कर्नल रतौड़ीजी मुझे सीधे सुबेदारी पद पर भर्ती कर रहे हैं, और मेरे साथियों को भी पी.ए.सी., उत्तर प्रदेश पुलिस, में नौकरी मिल गई है। मैं यहां से कलकत्ता जाऊंगा और वहां से अपने साथियों के साथ लखनऊ पहुंचने पर आपको समाचार दूंगा। मेरे लखनऊ में सैटल हो जाने के बाद आप सबको बुलाऊंगा। मेरे माता-पिता और पत्नी मेरी नौकरी की खबर पाकर बहुत खुश हुए। कहने लगे तुम्हारी नौकरी इस नन्हे-मुन्ने रमेश ने दिलवायी है। यह लड़का आगे चल कर बहुत भाग्यशाली और गुणवान होगा।

मैं धर्मशाला से कलकत्ता पहुंचा, सभी साथियों को अपनी शुभ यात्रा का समाचार सुनाया और नजीर हुसैन भाई को मैंने कहा भाई नजीर, चलो लखनऊ, वहां मैं आपको पी.ए.सी. में हवलदार बना दूंगा। तो वह हंसने लगे। मुझे कलकत्ता में अगस्त 1948 को कर्नल साहब पी.एस. रतौड़ी का पत्र मिला। लिखा था, 15 अगस्त से पहले लखनऊ पहुंच जाओ, ताकि भारत की स्वतंत्रता की पहली सालगिरह पर आपके आई.एन.ए. आर्केस्ट्रा द्वारा राष्ट्र धुन बजा कर राज्य भवन में तिरंगा झण्डा फहराया जाए और आपका और

साथियों के भर्ती का श्रीगणेश भी इसी शुभ दिन से किया जाए। यह दिन बड़ा ऐतिहासिक दिन तो है ही परन्तु इस ऐतिहासिक दिन पर आज़ाद हिन्द फौज का नया जन्म होना भी एक बड़ी महत्व की बात होगी। लेकिन मुझे कलकत्ता में पहले से ही 15 अगस्त के दिन झण्डा फहराने के समय वहां रहने के लिए एक सज्जन ने 'बुक' कर लिया था। इसलिए मुझे कलकत्ता का 15 तारीख वाला प्रोग्राम करना जरूरी था। इसकी एक वजह यह भी थी कि मैं कलकत्ता में वहां पहुंचा जहां आज़ादी का झण्डा फहराया जा रहा था। वहां बहुत तादाद में लोग स्वतंत्रता दिवस मनाने आए थे। एक बजे के बाद समारोह का समापन हुआ, हम लोगों को दाल-भात खिलाया गया। लौटते समय मैंने उन सज्जन से कहा कि हमारी फीस दीजिए तो श्रीमानजी कहने लगे कि आप लोगों ने दाल-भात खाया कि नहीं, हमने कहा खाया। बोले कि तो फिर अब क्या चाहते हैं? हमने खाना खिला दिया अब जाइए आप लोग। तो मैं बहुत दुखी हुआ। उदास हो कर अपनी कुटिया लौटा। अब लखनऊ जाने का सोच रहा था कि कैसे लखनऊ पहुंचें, तो नेताजी की कृपा से आज़ाद हिन्द फौज के दो जवान हमें मिलने आए। उन्होंने कहा कि दाजी जी ये चार सौ रुपए मुझे भाई ने मेरे इलाज के लिए भेजे थे, जो मैं आपको खर्च के लिए दे रहा हूं। उनका नाम कुल बहादुर था। वह मेरी ही पलटन में मेरा शिष्य था। तीस रुपए बिगुल मेजर सिंह गुरूज ने दिए। दो सौ रुपए हमारे साथी गुलाब सिंह थापा ने बचा कर रखे थे वह उन्होंने दिए, तो उस धन से मैं अपनी पार्टी को लेकर 18 अगस्त 1948 को लखनऊ पहुंचा। स्टेशन पर हमें कर्नल पी.एस. रतौड़ी, बी.सी. मिश्रा, आई.जी. पुलिस रिटायर्ड और सुबेदार मेजर तिवारी लेने आए थे। जिन-जिन साथियों को मैंने पत्र लिखे थे वे भी एक दिन पहले लखनऊ पहुंच गए थे। गोरखा धर्मशाला में उनके ठहरने का इंतजाम हुआ था। मैं कर्नल साहब और बी.सी. मिश्रा से मिला। वह बहुत खुश हुए और हमें थर्ड बटालियन पी.ए.सी. दिलकुशा ले गए। वहां 19 अगस्त 1948 को हम लोग पी.ए.सी. में भर्ती हुए। एक हफ्ते बाद शान्ति प्रसाद डी.आई.जी., पी.ए.सी., बी.एन. लहरी, आई.जी.पी., कर्नल पी.एस. रतौड़ी, कमांडर जे.पी. वाजपेयी हम लोगों से मिलने आए। हम पहले से ही तैयार बैठे थे। आई.जी. महोदय के आगमन पर सावधान के साथ उनका अभिवादन किया। उन्होंने मुझसे हाथ मिला कर कहा ओह कैप्टन राम सिंह हैं, हमें आपको पाकर बड़ी खुशी हुई है,

चलो कुछ नेताजी के गाने सुनाओ। मैंने तीन-चार गाने सुनाए। बाद में उन्होंने मुझे सुबेदारी में लेने का निर्णय लिया और छः हवलदार, तीस जवान का बैण्ड बनाने की आज्ञा दी। मैंने आर्मी से रिटायर्ड हुए बैण्ड वादकों की भर्ती करने की सलाह डी.आई.जी., पी.ए. सी., शान्ति प्रसादजी को दी। उन्होंने मंजूरी दे दी और पी.ए.सी. के 15 बटेलियनों में से जो भी बैण्ड वादक बजाना जानते थे उनकी ट्रान्सफर तीसरी वाहिनी पी.ए.सी. लखनऊ में कर दी जाए इसकी भी मंजूरी दे दी।

आर्मी के रिटायर्ड बैण्ड वादक वाले देहरादून, धर्मशाला, और पिथौरागढ़ से आए जिनकी भर्ती के समय सरकार ने उम्र, शिक्षा, शारीरिक योग्यता उन सब बातों में छूट दे रखी थी। हमारा पी.ए.सी. का बैण्ड दिन-प्रतिदिन तरक्की करता गया। सन् 1953 तक 65 जवानों का मिलट्री ब्रास बैंड बना। इसी में से 35 आदमियों की स्ट्रींग आर्केस्ट्रा बनी और 12 आदमियों का डांस बैण्ड बना। इस बैण्ड की चर्चा न केवल यू.पी. बल्कि सारे भारत में गूंजने लगी। पहली बार अमौसी ऐरोड्रम पर हम पंडित जवाहरलाल जी के आगमन पर उन्हें 'गॉर्ड ऑफआनर' देने के लिए गए। वहां पंडितजी ने गार्ड का निरीक्षण किया और आए हुए मित्रों की तरफ चले तो पद्मजा नायडू ने पंडितजी से कहा कि मिस्टर नेहरू, राम सिंह से बिना मिले आ गए। पंडितजी कहने लगे कौन राम सिंह, हमारे कैप्टन राम सिंह, आई.एन.ए. बैण्ड अरे अरे...कहते हुए पंडितजी लौटे और मुझसे गले मिल कर कहने लगे कि मुझे यह जान कर बड़ी खुशी है कि आप पी.ए.सी. में आ गए।

सरोजिनी नायडू मुझे बहुत प्यार करती थी। एक बार उन्होंने एक सभा में कहा कि लहरी साहब, आप बड़े भाग्यशाली हैं जो कैप्टन राम सिंह को पा गए। अब मैं कैप्टन राम सिंह को सुचेता कृपलानी के नेतृत्व में रवीन्द्रनाथ टैगोर का संगीत सीखवाने का प्रबन्ध करूंगी और राम सिंह की हर कमी को सरकार द्वारा पूरी करवाऊंगी।

पंडितजी अकसर लखनऊ आते थे। मुझे उनका आशीर्वाद मिलता रहा। मैंने पी.ए.सी. बैण्ड के साथ नेफा, बोमदिला से अगरतला तक भारत के वीर जवानों और पुलिस के जवानों का मनोबल बढ़ाने के लिए सितम्बर 1964 में 25 दिन का दौरा किया। भारत में विशेष अतिथियों के आगमन पर पी.ए.सी. बैण्ड ने बराबर उनका स्वागत किया है। आज भी यह बैण्ड प्रसिद्ध है।

मेरी 74 वर्ष की आयु के बाद सरकार ने मुझे रिटायर किया, लेकिन एमरिट्स संगीतज्ञ का सम्मान दिया। मैं इस समय आर्मी पुलिस बैण्ड के सलाहकार के रूप में काम कर रहा हूं। कई आर्मी बैण्ड को मैंने अपने वाहिनी पी.ए.सी. में ट्रेनिंग दी है। इस समय मैं 76 वर्ष का हूं। सुबह रोजाना 3 बजे उठ कर वायलिन पर 6 बजे तक अभ्यास करता हूं, बाद में एक घंटा घूमने निकलता हूं। उसके बाद मैं नहा कर पूजा पाठ करने के बाद जानवरों को चारा-पानी देता हूं और बागवानी भी करता हूं। इसके अलावा समाज सेवा में मैं बहुत रुचि रखता हूं। लखनऊ में जो भी सरकारी या प्राइवेट समारोह होते हैं उसमें मैं जरूरत समझने पर भाग लेता हूं। खेल-कूद में, निशानेबाजी में बहुत रुचि है। अभी भी मैं फुटबाल, हॉकी, बास्केटबॉल, कबड्डी खेल लेता हूं। अपने समय में मैं गोरखा ब्रिगेड में फुटबाल, हाकी, खेला करता था। ऐथलीट्स में तो मेरा ब्रिगेड में रिकार्ड था।

एक बहुत जरूरी जानकारी तो मैं आपको दे ही नहीं पाया। हमारे आई.एन.ए. के वीर जवानों का लाल किला में जो कोर्ट मार्शल हुआ उसमें 11 जवानों को फांसी के तख्ते पर झूला दिया था। यह मई 1945 के पहले की बात है। उस समय हमारे सब नेतागण जेलों में थे। इन फांसी पर जाने वाले बहादुरों की पैरवी करने वाला कोई नहीं था। वीर आई.एन.ए. के 11 जवानों में से दो जवान मेरी पलटन सेकेण्ड फर्स्ट गोरखा राइफल्स, धर्मशाला के, मेजर दुर्गामल ठाकुर और कैप्टन दलबहादुर थापा थे। तीन मई 1945 को मेजर दुर्गामल ठाकुर और मई में ही कैप्टन दल बहादुर थापा को फांसी के तख्ते पर झूला दिया गया। कहते हैं दुर्गामल को अंग्रेजों ने बड़े-बड़े लालच दिए और माफी मांगने को कहा। उनकी पत्नी व रिश्तेदारों को दिल्ली बुला कर लाल किला में उनसे मिलवाया गया और उन्हें कहा गया कि तुम इन दोनों को माफी मांगने पर जोर दो तो हम उनको जेल से छोड़ देंगे और अपनी आर्मी में दुबारा रख लेंगे। परन्तु ये दोनों बहादुर टस-से-मस नहीं हुए। इन्होंने अपने घर वालों को आश्वासन दिया कि हम माफी मांग लेंगे परन्तु इन्होंने कतई माफी नहीं मांगी। आखिर इन दोनों को ज़ालिम अंग्रेजों ने फांसी पर लटका ही दिया। आज ये दोनों और हमारे आईएनए के नौजवान और जो फांसी पर हंसते-हंसते झूल गए, सदा के लिए अमर हो गए।

देश की आज़ादी के लिये सदियों से भारतवासियों ने अपने प्राणों की आहूति दी और अंग्रेजों से बराबर आज़ादी के लिए संघर्ष करते रहे। पूज्य बापूजी, पंडित नेहरूजी और तमाम भारत के मान्य नेता बराबर जेलों में जाते रहे परन्तु आज़ादी के मैदाने जंग से पीछे नहीं हटे। नेताजी सुभाष चन्द्र बोस ने बड़ी कठिनाइयों का सामना करते हुए देश में रह कर अंग्रेजों का कड़ा मुकाबला किया। बीमारी की हालत में जब 104 डिग्री बुखार था उसमें भी वह कांग्रेस अध्यक्ष के चुनाव के लिए त्रिपुरी अधिवेशन में गए और वहां विजयी घोषित हुए। वहां कुछ नेताओं का सहयोग न मिलने पर उन्होंने त्यागपत्र दे दिया और एक नया मोर्चा फावर्ड ब्लाक के नाम से बनाया। उसमें भी उनके साथियों ने कमाल कर दिखाया।

साभार : नेहरू स्मारक संग्रहालय तथा पुस्तकालय, दिल्ली द्वारा यह मौखिक इतिहास इंटरव्यू 20 मई 1971 को रिकार्ड किया गया था।

कुछ और गीत कुछ और धुनें

सुभाष जी, सुभाष जी

सुभाष जी, सुभाष जी
वह जाने हिन्द आ गए।
है नाज जिस पर हिन्द को
वह शाने हिन्द आ गए
सुभाष जाने - हिन्द है।
सुभाष शाने - हिन्द है।
सुभाष आने - हिन्द है।
सुभाष माने - हिन्द है।
कली कली कली कली
यह अन्द-लीब है चहचही।
गली गली गली गली
यह आम खलक गा रही।
वह आने - हिन्द लाएंगे।
वह शाने - हिन्द लाएंगे।
फिरंगियों को कौम पर,
वे केहर बनकर छाएंगे।
खुशी का दौर आ गया।
निशान बन के छा गया
वह एशिया का आफ़ताब,

एशिया में आ गया।
सुभाष जी...

लेखक : मेजर मुमताज़ हुसैन

हम देहली देहली जाएंगे

हम देहली, देहली जाएंगे, हम बिगड़ा हिन्द बनाएंगे
अब फौजी वन कर रहना है, दुख दर्द मुसीबत सहना है
सुभाष का कहना कहना है, चलो देहली चल के रहना है
हम देहली, देहली जाएंगे
हम बिगड़ा हिन्द बनाएंगे
हम गोली खाकर झूमेंगे, हम मौत को बढ़कर चूमेंगे
मतवाले वद आज़ादी के, हम दरिया जंगल घूमेंगे
हम देहली, देहली जाएंगे
हम बिगड़ा हिन्द बनाएंगे
सुभाष हमारा हाढ़ी है और रासबिहारी साथी है
फिर कैसा खतरा बाकी है खुदा हमारा साथी है
हम देहली, देहली जाएंगे
हम बिगड़ा हिन्द बनाएंगे
हम फौजी बन कर जाएंगे, हम देहली तख्त सजाएंगे
जालिम फिरंगी कौम का हम नामों-निशां मिटाएंगे
हम देहली, देहली जाएंगे
हम बिगड़ा हिन्द बनाएंगे

लेखक : मेजर मुमताज़ हुसैन

उठो सोये भारत के नसीबों

उठो सोये भारत के नसीबों को जगा दो
आज़ादी यूं लेते हैं, जवां लेके दिखा दो
खूंखार बनो शेर मेरे हिन्दी सिपाही
दुश्मन की सफें तोड़ दो, एक तहलका मचा दो

आज़ादी यूं लेते हैं...
हिन्द के बदले में अदू चीज ही क्या है
गर रास्ते में हो भाई तो उसे मार गिरा दो
आज़ादी यूं लेते हैं...
मीनार कुतुब देखता है राह तुम्हारी
चल उसकी बुलन्दी को तिरंगे से सजा दो
आज़ादी यूं लेते हैं...
कर याद शहीदों का लहू देश की खातिर
एक टोली भी हो दुश्मनों की हजारों से लड़ा दो
क्यों लाल किला यूं रहे दुश्मन के हवाले
हर लश्करे हिन्दी की वहां धूम मचा दो
आज़ादी यूं लेते हैं...
भूख हो तकलीफ रूकावट हो थकावट
ख्वाह जख्में गिरां, मौत को भी हंस के दिखा दो
आज़ादी यूं लेते हैं...
और कोई ख्वाहिश न तमन्ना मेरे दिल में
आज़ादी यूं लेते हैं...

लेखक : कर्नल गुरबख़्श सिंह ढिल्लों

हम भारत की बेटी हैं

हम भारत की बेटी हैं, अब उठा चुकी तलवार
हम मरने से नहीं डरतीं,
नहीं पीछे पांवों को धरती,
आगे ही आगे बढ़ती,
कस कमर हुई तैयार
हम भारत की बेटी हैं'...
हम नए नहीं हैं लड़ाके
देखो इतिहास उठाके
हम क्षत्राणी भारत की

दिखला देंगी निज वार
हम भारत की बेटी हैं...
जब कर किरपान उठाती
फिर काल रूप बन जातीं
रूधिरों से प्यास बुझाती
थर्रा देती हैं संसार
हम भारत की बेटी हैं...
हम हरगिज दम न लेंगी
दुख-दर्द और कष्ट सहेंगी
दुश्मन को चीर धरेंगी
कह रही पुकार-पुकार
हम भारत की बेटी हैं...
जब तक बाहों में बल है
धमनियों में रक्त प्रबल है
दिल में नहीं पल भर कल है
बिना किए देश उत्तर,
हम भारत की बेटी हैं...

लेखक : सब ऑफिसर बलदेव

हे वीर बालक हो

गोरखा बाल सेना का गीत
हे वीर बालक हो जाति लाई सुधार
हिम्मत गरी अघी बढ़ी बैरी लाई सिधार
नौका हेरी लाभ उठाई देश को कर शेर
तंबई होला हमरो देश को शेर
हे वीर बालक हो अब तू हिम्मत न हार
अघी बढ़ी मिली-जुली जय हिन्द पुकार
नेता जी जसता को नाम पनि त करा
उन्हई को नाम मछ देश को कल्याण

लेखक : कैप्टन राम सिंह

हिन्द सिपाही

हिन्द सिपाही हिन्द सिपाही
रखना है तुझे हिन्द में बुनियाद अमन की
सर पर तू निकला बांध के दस्तार कफन की
निगरां है इलाही
हिन्द सिपाही हिन्द सिपाही
नारा–ए–इन्किलाव लगा तेग उठाते
सोता है तेरा वख्त उसे अब तू जगा दे
न देख तबाही
हिन्द सिपाही हिन्द सिपाही
आज़ाद बन कर तोड़ दे जंजीर बुलागी
ताजीम से दे डुकके तिरंगे को सलामी
वह दिल ही नहीं जिसमें न हो चाह वतन की
वह आंख नहीं जो न तने राह वतन की
आज़ादी के राही
हिन्द सिपाही हिन्द सिपाही

लेखक : कल्याण चन्द हसरत

जय हो महादेश हमारा

जय हो महादेश हमारा भारत हसे संसार प्यारा
उसके नस–नस में जीवन हो, जर्रा–जर्रा फूल चमन हो
घर घर सब आनन्द गगन हो, तुझमें चारों ओर अमन हो
हिन्दू मुस्लिम सिख इसाई, सब का हो केवल एक ही नारा
हर धर्मों का धाम यहां हो, सबको ही आराम यहाँ हो
मिलात का सब काम यहाँ हो
गुरू रहीम और राम यहाँ हो, हो राम
भेद भाव फर्क भूलकर मिगक का फिर चाकारों सितारा
जय हो महादेश हमारा...

लेखक : प्रकाश सिंह

कौमी तिरंगा झंडा

कौमी, तिरंगे झण्डे, ऊंचे रहो जहां में
हो तेरी सर बुलन्दी, यूं चांद आसमां में
तू मान है हमारा, तू शान है हमारी
तू जीत का निशां हो, तू शान है हमारी
कौमी तिरंगे झण्डे...
आकाश और जमीं पर, हो तेरा बोल बाला
झुक जाये तेरे आगे, हर तख्तो-ताज़ वाला
हर कौम की नजर में, तू अमर का निशान हो
हो वाइसे मुसर्रत, साया तेरा जहां हो
कौमी तिरंगे झण्डे...
हर इक ब्यर के लब पै, जारी है ये दुआएं
कौमी तिरंगा झंडा, हम शौक से उठाएं
आज़ाद हिन्द सारा खुश हो के गा रहा है
कौमी तिरंगा झण्डा सर पर लहरा रहा है
कौमी तिरंगे झण्डे...

लेखक : मुश्ताक अहमद

आज़ाद हिन्द सेना ने जब

(कव्वाली)

आज़ाद हिन्द सेना ने जब, नेताजी का पैगाम लिया।
जय हिन्द का नारा गूंज उठा, हाथों में तिरंगा थाम लिया॥
तोपें ना रहीं बन्दूकें ना रहीं
तलवारों से हमने काम लिया
मैदान से गोरे भाग उठे बायोनेट से जो हमने काम लिया
हिन्दी आज़ादी जान गए
भाई को भाई पहचान गए
नेता जी के सहारे से आज़ादी का दामन थाम लिया

साकी भी बने मैखार वने
आज़ादी के तलबगार बने
नेताजी के मैखाने से आज़ादी का हमने जाम लिया
भूखे भी लड़े, प्यासे भी लड़े
मौत से फिर भी हम न डरे
आगे ही आगे बढ़ते गए हटने का न पीछे नाम लिया
गो लाख हमारे दुश्मन हैं
पर इसकी हमें कुछ परवाह नहीं
वतन की खातिर मरने को जब हमने खुदा का नाम लिया
जय हिन्द का नारा गूंज उठा हाथों में तिरंगा थाम लिया

लेखक : अज्ञात

सबसे ऊँचा है

सबसे ऊँचा है दुनिया में झण्डा हमारा।
नेता जी जिन्दाबाद आज़ाद करेंगे॥
चलो-चलो भाई दिल्ली चलो
झण्डा लहराते चलो
ब्रिटिश को इण्डिया से मार भगा दो।
सबसे ऊँचा है दुनिया में झण्डा हमारा॥
दौलत को पानी करो जीवन को दान करो।
घर-घर में तिरंगे की शान बढ़ा दो॥
सबसे ऊँचा है दुनिया में झण्डा हमारा॥
बहनों को साथ ले लो भाइयों का साथ ले लो।
आज़ादी की दुनिया में धूम मचा दो॥
सबसे ऊँचा है दुनिया में झण्डा हमारा।
नेता ज़िन्दाबाद आज़ाद करेंगे॥

लेखक : कैप्टन राम सिंह ठाकुर

नेता जी हंसते–हंसते जीना

नेता जी हमारे
हंसते–हंसते जीना।
जनजीर गुलामी तूने तोड़ा – एशिया से नाता जोड़ा
प्रेम न टूटे तेरे हंसते–हंसते ॥ नेता जी ॥
सूरज ऐसा चमका तेरा, कल था अंधेरा आज सबेरा।
अब न रहेगा मन का अंधेरा हंसते – हंसते जीना ॥ नेता जी ॥
बिजली बनकर घर से आया बादल बन पूर्व में छाया।
प्रेम की बरसा तूने बरसाई – मिल के सभी ने गाया ॥ नेता जी ॥
सूरज कभी न डूबे तेरा – जभी तू जागे तभी सबेरा ।
तेरा बदले रंग कभी न – हंसते–हंसते जीना ॥ नेता जी ॥

लेखक : कैप्टन राम सिंह ठाकुर

आईएनए का नैशनल एन्थम

शुभ सुख चैन की बरखा बरसे
भारत भाग है जागा
पंजाब, सिन्ध, गुजरात, मराठा,
द्रविड़, उत्कल, बंगा
चंचल सागर विन्ध हिमाला
नीला जमुना गंगा
तेरे नित गुण गाएं
तुझ से जीवन पाए
सब तन पाएं आशा
सूरज बनकर जग पर चमके
भारत नाम सुभागा
जय हो, जय हो, जय हो, जय,जय, जय, जय हो
भारत नाम सुभागा
सब के दिल में प्रीत बसाए

तेरी मीठी वाणी
हर सूबे के रहने वाले
हर मज़हब के प्राणी
सब भेद और फर्क मिटा के
सब गोद में तेरी आके
गूंथें प्रेम की माला
सूरज बन कर जग पर चमके
भारत नाम सुभागा
जय हो, जय हो, जय हो, जय, जय, जय, जय हो
भारत नाम सुभागा
सुबह-सवेरे पंख पखेरू तेरे ही गुण गाएं
बास भरी भरपूर हवाएं
जीवन में रूत लाएं
सब मिलकर हिन्द पुकारें
जय आज़ाद हिन्द के नारे
प्यारा देश हमारा

लेखक : मुमताज हुसैन

कदम-कदम बढ़ाए जा

कदम कदम बढ़ाए जा
खुशी के गीत गाए जा
यह जिन्दगी है कौम की
तू कौम पर लुटाए जा
तू शेरे हिन्द आगे बढ़
मरने से फिर तू न डर
उड़ाके दुश्मनों का सर
जोशे वतन बढ़ाए जा
कदम कदम...
तेरी हिम्मत बढ़ती रहे

ख़ुदा तेरी सुनता रहे
हो सामने तेरे अड़े
तू ख़ाक में मिलाए जा
कदम कदम...
चलो देहली पुकार के
कौमी-निशां संभाल के
किले पै गाड़ के
लहराए जा लहराए जा
कदम कदम बढ़ाए जा
खुशी के गीत गाए जा
यह जिन्दगी है कौम की
तू कौम पर लुटाए जा

लेखक : कैप्टन राम सिंह ठाकुर

नेहरू स्मारक संग्रहालय तथा पुस्तकालय नई दिल्ली से साभार

माई फादर : अॅनसंग सिंगिंग सोल्ज़र

–रमेश ठाकुर

कुछ लोग जीवन को सहजता से जीते हुए कर्म करते रहते हैं। वे योगियों की भांति न फल की कामना करते हैं और न शौहरत के मोहताज़ होते हैं। अनजाने में अपनी छाप छोड़ते हुए दुनिया से रूख़्स्त हो जाते हैं। ऐसे ही थे मेरे पिता कैप्टन राम सिंह ठाकुर। कला कोई भी हो उसे पोशीदा नहीं रखा जा सकता। उनके बारे में भी महान फिल्म निर्देशक बिमल राय ने सुन रखा था। उन्होंने उनके द्वारा निर्देशित फिल्म 'सिपाही का सपना' में छोटी सी भूमिका अदा की थी क्योंकि यह फिल्म मूल रूप से आज़ाद हिन्द फौज़ के जीवन के दिन प्रतिदिन जीवन पर आधारित थी। इसमें प्रसिद्ध अभिनेता असित सेन, नाज़िर हुसैन और प्रेमचन्द भी देखे जा सकते हैं, जो पिता जी के साथ लखनऊ में शामिल हुए थे। पिता जी ने नज़ीर हुसैन को फिल्मों में काम देने की सिफारिश की थी क्योंकि वे अपना भावी जीवन फिल्मों में बतौर चरित्र कलाकार के रूप में अभिनय कर बिताना चाहते थे। बिमल दा चाहते थे कि मेरे पिताजी भी उनके साथ बम्बई चलें क्योंकि उन्हें उन जैसा संगीत रचयिता, संचालक और संगीतकार चाहिए था परन्तु पिता जी हमेशा की तरह लड़ाई में अपने सहयोगी सैनिकों और आज़ाद हिन्द फौज के प्रति गहरा लगाव रखते थे और वे अपने साथियों को छोड़कर बम्बई जाने के लिए राज़ी नहीं हुए। उन्होंने कहा कि फिल्मों में गोआ से साज बजाने के लिए बहुत मिल जाएंगे। तत्पश्चात जब लखनऊ के प्रान्तीय सशस्त्र बल का प्रस्ताव उनके पास आया तो उन्होंने सहर्ष स्वीकार कर लिया, क्योंकि उनके लिए अपने लोगों के प्रति ब़फादारी ज्यादा महत्त्वपूर्ण थी।

फिर 1958 की गर्मियों में बिमल राय और दिलीप कुमार 'मधुमति' फिल्म की शूटिंग के लिए नैनीताल के आसपास आए। मेरे पिता जी ने उनको 'शैली हाल' नैनीताल में संगीत और नृत्यु की एक सन्ध्या के लिए आमन्त्रित किया। वे आए और उन्होंने मुझे भी उस शाम नृत्य करते देखा। सबसे पहले मैंने अपने भाईं के साथ भील-नृत्य किया। फिर श्री 420 के गीत 'मुड़-मुड़ के न देख' और उसके बाद 'घर आया मेरा परदेसी' पर परफॉर्म किया। बिमलदा ने महसूस किया कि मुझ में प्रतिभा है और उन्होंने मेरे पिता जी से मुझे बम्बई आने का प्रस्ताव रखा। पिता जी ने अपने आज़ाद हिन्द फौज के मित्र नाज़िर हुसैन, जो उस व़क्त स्थापित अभिनेता थे, से परामर्श किया। उन्होंने अपने अनुभव से परामर्श दिया कि शुरुआती वर्ष तो बहुत अच्छे रहेंगे। कप्तान को भी सब कुछ छोड़ कर वहीं रहना पड़ेगा जो वे कभी नहीं करेंगे। उन्होंने सुझाव दिया कि मुझे पहले ग्रेजुएशन करनी चाहिए। तत्पश्चात बम्बई में किस्मत आमजानी चाहिए।

शो के बाद बिमल दा ने उन्हें शूट पर आने का निमन्त्रण दिया ताकि वे 'मधुमति' के गीत व संगीत को सुनकर अपनी राय दें। वे मुझे भी साथ ले गए। उन्होंने विनम्रता से यह कहते हुए कि हर रचना अपने आप में सम्पूर्ण है अपनी राय देने से मना कर दिया। उन्होंने सुनने का खूब आनन्द लिया परन्तु अपनी राय से सलिल दा की मूल धुन के साथ छेड़छाड़ करना पसन्द नहीं किया। बाद में दिलीप कुमार ने मुझे उठाया और मेरे पिता जी और छोटे भाई उदय को बायीं ओर खड़े करके तस्वीर खींची। दिलीप कुमार साहब ने फोटो पर कुछ लिखा और वह फोटो मेरी जेब में जीवन भर की स्मृति के तौर पर डाल दी।

बीटिंग रिट्रीट : कप्तान की प्रतिभा को देखते हुए यू.पी. सरकार ने केन्द्र से अनुमति मांगी कि क्या उनका पुलिस बैंड बीटिंग रिट्रीट में भाग ले सकता है या कप्तान राम सिंह किसी साल इसका संचालन कर सकते हैं। परन्तु केंद्र ने यह कहकर नकार दिया कि एक पुलिस अफसर सेना के बैंड का संचालन नहीं कर सकता। इस पर सरकार ने अपना बीटिंग रिट्रीट करने का फैसला कर लिया। दफ्तरी समारोहों में बैंड का प्रदर्शन कर रहे थे। परन्तु बीटिंग रिट्रीट में उनकी मौलिकता गोचर होती थी। वे पाइप और ब्रास बैंड बजाने के लिए विभिन्न कांस्टेबलों का सहयोग लेते थे। बीटिंग रिट्रीट गवर्नर के घर पर

एक वार्षिक प्रदर्शन बन गया। अन्तिम चरण में जब बिशुन तुरही, सूर्य, बोल इकट्ठे बजने शुरू हो जाते तो स्थान धीरे-धीरे रोशन होना शुरू हो जाता और स्कूल के बच्चे दिए उठाए लय के साथ भारतीय नृत्य की भंगिमाओं के साथ बागीचे को रोशनी से भर देते। तब शास्त्रीय धुनें जैसे 'लीड काइंडली लाईट' और 'अवाइड विद मी' सुनाई देतीं। एक बार उनके साथ हमारे साहित्य के अध्यापक एडगर टक की पत्नी फिलिस 'अबाइड विद मी' गाने के लिए उनके साथ थीं। इस धुन पर ईसाई पादरी व साहित्यकार हमेशा अपने आंसू पोंछने के लिए रूमाल साथ रखते।

स्कूल और बच्चे-किसी भी स्कूल का कोई भी समारोह हो कप्तान राम सिंह और उनके साथी वहां पर जरुर होते। एक तरह से वे हर जगह पर मौजूद होते। बाल दिवस हमेशा केडी सिंह बाबू स्टेडियम में मनाया जाता। विभिन्न स्कूलों के सहयोग से गीत, नृत्य, फैंसी ड्रैस से लेकर समूह प्रदर्शन का सुचारू ढंग से आयोजन किया जाता।

'ला मार्टिनियर' स्कूल के वार्षिक खेल समारोह में खेलों का उत्सव था। मैदान के मध्य में बैंड अलग-अलग खेलों व आयोजनों के लिए, जैसे कि शारीरिक प्रदर्शन पी.टी. शो एवं जिमनास्टिक के लिए, अलग-अलग धुनें बजाता हुआ दिखाई देता। फिर गृहणियों के मार्च पास्ट के लिए मार्चिंग धुन बजाई जाती। इनमें सबसे लोकप्रिय 'कर्नल बोगी' और 'कदम-कदम' बढ़ाए जा थीं। कप्तान राम सिंह के नेतृत्व में बैंड दर्शकों के पास से गुजरता हुआ मुख्यातिथि को सलामी देता हुआ मध्य में वापिस आ जाता और समारोह की समाप्ति राष्ट्रीय गान के साथ होती। इसी प्रकार लखनऊ लोरेटो कोन्वेन्ट स्कूल, सेंट फ्रांसिस स्कूल, सिटी मोन्टेसरी स्कूल और क्राईसचर्च स्कूल के अलावा नैनीताल के शेरवुड और सेंट जोसेफ कॉलेजों में बैन्ड प्रदर्शन चलता रहता। लोगों को इस पर विश्वास करना मुश्किल होगा कि यह पुलिस बैंड कप्तान राम सिंह के नेतृत्व में सुरीली संगीत से भरपूर रचनाओं को कम्पोज़ भी करता था। मुझे याद है कि मैंने। लारेटो कान्वैण्ट हिआवाथस चाइल्ड 2 द लॉ मार्टिनियर कालेज में 'द परशियन मार्केट 3 ट्रायल बाई ज्यूरी, 4 मिकाडो देखी थी।'

एक महान-कथा वाचक : उनके कहानी सुनाने की अदा भी अनोखी थी। कोई बात नहीं कि आप उन्हें कहां सुन रहे हैं कितनी बार सुन रहे हैं।

एक ही कहानी बार-बार भी सुन रहे हैं तो कहीं भी कभी भी उकता देने वाला पल नहीं होता। एक बार लखनऊ विश्वविद्यालय में उन्हें कथावाचक और मनोरंजनकर्त्ता के तौर पर मुख्यातिथि आमन्त्रित किया गया। वह उन्हें उन गीतों की यात्रा पर ले गए जो उन्होंने तब बनाए थे जब वे आज़ाद हिन्द सेना में सीमा पर युद्ध कर रहे थे। कानून विभाग का हाल पूरी तरह भरा हुआ था। यहां तक कि बाहर लॉन भी भरा हुआ था। उन्होंने उनके लिए लाऊड स्पीकर भी लगा रखा था। मैं किसी तरह चुपके से पिछली पंक्ति में घुस गया और शो देखने लगा। श्रोता उन पर मुग्ध थे, तालियां बजा रहे थे, और सुनाने की मांग कर रहे थे। हर बार जब वे कहानी सुनाते तो वहां पूर्ण खामोशी होती थी। सचमुच उनके समूचे व्यक्तित्व में चुम्बकीय आकर्षण था। बाद में वे वहीं उसी समय उसका पूर्वाभ्यास करवाते और फिर सब मिलकर गाते थे। एक गीत जो महिलाओं का मनपसन्द था वह था 'हम भारत की बेटी हैं अब उठा चुकी तलवार...।' यह गीत रानी झांसी रेजिमैंट की कर्नल लक्ष्मी सहगल के नेतृत्व में आज़ाद हिन्द सेना के लिए बनाया गया था। डेढ़ घंटे के लिए आयोजित संध्या का कोई अन्त नहीं था।

एक बार उन्होंने अपनी टीम के साथ यूनिवर्सिटी स्टडी सर्कल द्वारा आयोजित समारोह में मेरे द्वारा निर्देशित नाटक 'द इन्वेज़न ऑफ द हिप्पीज़' का मंचन किया। उसी शाम मैं और मेरे भाई प्रकाश ने मध्यान्तर के बाद भील नृत्य किया। भील नृत्य परिकल्पना, सामग्री, संगीत गीतों का निर्देशन से लेकर नृत्यकला तक कैप्टन राम सिंह की कृति थी। जब मैं बहुत छोटा था तो मेरे पिता जी मेरे भाई प्रकाश के साथ भील नृत्य किया करते थे। भील नृत्य एक पिता की कहानी है जो अपने पुत्र को शिकार करने की कला सिखाने के लिए बाहर ले जाता था। वह जंगल में उसे यह हिदायत देकर अकेला छोड़ जाता है कि वह वहीं थोड़े से घेरे में रहकर छोटे शिकार करें। परन्तु वह अपने से बड़े जीवित शिकार को चुनौती देता है, लड़ाई होती है और आश्चर्य की बात कि वह जीत जाता है। वह पिता के लिए चिल्लाता है जो उसके हौंसले पर आश्चर्यचकित होता है और उसे थोड़ी शराब पिला कर विजय पर खून का टीका लगाता है। उसे आलिंगन में कस लेता है। वे गुनगुनाते और गाते हुए शिकार को लेकर जाते हैं। इसके अतिरिक्त उन्होंने राज बिसरिया थियेटर आर्ट वर्कशाप द्वारा निर्मित 'जूलियस सीज़र' का भी पार्श्व संगीत दिया था।

स्कूल में तो नहीं परन्तु एक रचना जो मेरे स्मृतिपटल पर अंकित है वह है बटालियन में सालाना जन्माष्टमी। इस समारोह में वह संगीत, गीतों, नृत्य-नाटिका और समूह नृत्य की प्रस्तुतियों का आयोजन करते थे। वह बटालियन के लोगों को मिलने जाते जो देश के विभिन्न भागों में रहते थे और विभिन्न सांस्कृतिक कार्यक्रम प्रस्तुत करना चाहते थे। वे आल इंडिया रेडियो के भी कलाकारों को बुलाते थे। मुख्य झलकी, शिवजी, कृष्ण जो अभी छोटे से मिलन की योजना बनाते हैं, एक संगीतमय नृत्य-नाटिका 'चढ़ा भांग तुम करो तैयारी कि कृष्ण जी के दर्शन को' प्रस्तुत किया जाता जिसमें वे शिवजी की पोशाक पहने ताण्डव करते और यशोदा उन्हें कृष्ण जी से मिलने से रोकती हुई कहती है 'काला रे नीला रंग तुम्हारा, सूरत जैसे शेरों की मेरा लाल फिर डर से रोए, मैं फिर कैसे मनाऊंगी।'

गीत लिखना और संगीत रचना उनकी रगों में ही दौड़ती थी। वे एक बार शादी में गए, जब जयमाला का समय आया तो उन्होंने लड़की के माता-पिता से उस लड़की का नाम पूछा तो उन्होंने बताया कि उसका नाम सुनीता है। जब सुनीता जयमाला लेकर धीरे-धीरे प्रवेश करती है तो वे एकदम गा उठते है-'जयमाला लिए अरमानों की देखो सुनीता दुल्हनिया पहनाने चली।'

इसी तरह की एक और घटना मई 1971 में घटित हुई जब पद्माजी नायडू कप्तान को तीन मूर्ति भवन ले गए जहां से एक प्रज्वलित ज्योति गुजरनी थी। उन्होंने उन्हें बताया कि अगली सुबह इन्दिरा जी यहां प्रार्थना के लिए उपस्थित होंगीं। उन्होंने कहा कि मैं एक गीत गाऊंगा। जिस पर पद्माजी ने कहा कि यह कार्यक्रम की सूची, में नहीं है। हाथ जोड़कर मुस्कुराते हुए उन्होंने कहा कि अब वह सूची में है, 'मैं ज्योति के पास जाऊंगा और गाऊंगा। उन्होंने कहा कि आप उस क्षेत्र में प्रवेश नहीं कर सकते तो उन्होंने कहा कि मैं अब गाऊंगा और ज्योति के पास जाकर पूरे मन से गाऊंगा क्योंकि मुझे गीत को महसूस करना है। अगली सुबह उन्होंने ज्योति के पास जाकर ज्योति को नमस्कार किया, धरती मां को स्पर्श किया, अपना वायलिन उठाया और गाना शुरू किया 'जलता हूं और हंसा करता हूं (दुहराया)' मैं अमर ज्योर्तिय दीपक हूं, नित्य जला करता हूं, जलता हूं और हंसा करता हूं।' प्रधानमंत्री इन्दिरा जी के आंसू निकल पड़े। उन्होंने उनका धन्यवाद किया। तत्पश्चात कप्तान साक्षात्कार देने में व्यस्त हो गए और अखबारों में भी उनके बारे में छपा।

कोई पता नहीं कौन व्यक्ति था, और ज्योति कहां थी या अवसर कौन सा था परन्तु ज्योति ही केंद्र बिन्दु थी।

जब उन्होंने यह गीत रचा और इसे औपचारिक समारोहों में गाते तो अक्सर वे कहानी सुनाते जो इस प्रकार थी–'एक अकेली ज्योति गहरे घने जंगल में जला करती थी। यह दूर–दूर तक रोशनी बिखेरती और यहां तक कि ओलावृष्टि, तूफान और तेज हवाओं में भी जलती रहती थी। हर कोई सोचता कि यह ज्योति असली नहीं है। अत: राजा अपने लाव लश्कर सहित उसको परखने जंगल में पहुंचा। राजा ने पूछा, 'यह कैसे होता है कि तुम निरन्तर दूर–दूर तक रोशनी बिखेरती जलती रही हो। क्या तुम कोई आध्यात्मिक दिव्य ज्योति हो।' तो उसने उत्तर दिया कि मैं केवल एक ज्योति हूं जो जलती रहती है। मैं खुश रहती हूं और अन्धेरे को दूर रखती हूं। मैं सनातन अखंड ज्योति हूं अत: मैं जलती रहती हूं।'

कप्तान लड़ाई में थे और कई दिनों तक घर नहीं लौट पाए थे। अत: उन्होंने एक विरह का गीत रचा जैसा कि पत्नी उसे याद कर रही है और घर लौटने की प्रार्थना कर रही है कि वह शीघ्र घर लौटे 'आंछू नी भन्नदा–भन्नदा खसी स क्यों तारा अजई ना आउने कसतो हजुरा' तुम घर आने का वायदा करते रहे। रातें बीत गईं और तारे भी चले गए, तुम फिर भी वापिस नहीं आए। ऐसा क्यों मेरे प्रियतम।' इसी तरह वे और उनके जवान देश भक्ति की भावना और नेताजी के आशीर्वाद और निरन्तर नेतृत्व से प्रेरित, उत्साहित और ऊर्जावान थे। उन्होंने अनेकों देशभक्ति के तराने बनाए। आज़ाद हिन्द फौज की गीतों की किताब से पता चलता है कि किस अवसर पर और किस परिस्थिति में उन्होंने विशेष गीत लिखा और उसकी धुन बनाई। वे औपचारिक रूप से शिक्षित और प्रशिक्षित नहीं थे परन्तु उन पर मां सरस्वती का आशीर्वाद था। वे जन्म से ही मेधावी, गुणी और कलासंपन्न थे और संक्षेप में कहा जाए तो अति प्रतिभाशाली थे। कई बार तो वे मध्यरात्रि में उठ जाते और एक नई रचना के लिए वॉयलिन बजाते। वे अकस्मात उठकर अपने कमरे में जाते जहां नेता जी की ऑयल पेंटिंग दीवार पर सजी थी। वे दिए और धूप से प्रार्थना करते और अपना हारमोनियम और वायलिन लेकर बैठ जाते, सूर्य उदय होने से पहले ही गीत और उसका संगीत तैयार हो जाता। यह उन पर सरस्वती का आशीर्वाद ही तो था।

प्रान्तीय सशस्त्र बल का बैंड लगभग दो दशक तक गर्मियों में नैनीताल जाता रहा। वह टिफिन टॉप के रास्ते से होकर लियोनार्ड विल्ला में ठहरता था। उनके पास पूर्वाभ्यास के लिए बहुत जगह थी। उनको विशेष रूप से बैंड स्टैंड महली ताल पर बैंड बजाने के लिए निमन्त्रित किया जाता। कप्तान राम सिंह रविवार को आकर्षण का बिन्दु होते। बैंड हर शाम को भीड़ जुटा लेता था। उसी समय छह से आठ सदस्य जैज, फाक्स ट्रीट बाल्टज़, टैंगो और चा चा चा आदि वोट हाउस क्लब में बजाना शुरू कर देता। बाद में वे पर्वतीय स्थल पर हर समारोह का हिस्सा बन गए। एक प्रतिष्ठित व्यक्ति होने के नाते उन्हें प्रत्येक समारोहों में सम्मानित किया जाता। प्रथा है कि एक सभ्य पुरुष एक औरत को नृत्य के लिए आमन्त्रित करता है परन्तु 'बोट हाऊस क्लब' में औरतें उनके साथ नृत्य करने को उन्हें आमन्त्रित करतीं। सभ्य पुरुष होने के नाते वो आमन्त्रण स्वीकारता अपनी सहभागी से कोमलता से तेज़ व लयबद्ध नृत्य करते। फैंसी ड्रैस नृत्य में वे 'पासिंग शो' की पोशाक पहनते।

बाद में लोगों ने बैंड पर ज्यादा से ज्यादा बॉलीवुड के गीतों की फरमाइश करनी शुरू कर दी। वे और उनकी टीम लियानार्डो विला में हारमोनियम, वायलिन, क्लारीनेट लेकर इकट्ठी बैठकर 70 एम एम रिकॉर्ड पर गाने सुनकर संगीत की धुनें बनाकर लोगों के लिए बॉलीवुड के गाने तैयार करते। वे रिकॉर्ड चलाकर लोगों के सामने बजाने की कोशिश नहीं करना चाहते थे। कप्तान राम सिंह के लिए संगीत की सरगम का बजाना जरूरी था। पूर्वाभ्यास और पुनः पूर्वाभ्यास और फिर जनता के सामने प्रस्तुति होती। एक गीत जो जनता की फरमाइश पर हर रविवार को प्रस्तुत किया जाता वह था–नैनीतालों, नैनीतालों, घूमी आओ रेला (दुहराना), अंखां में कांजूली छ बुलबुली मा तैल–नौनी तालो (पुकारते हुए और जश्न मनाते हुए नैनीताल रेत से घूम लिया और आंखों में काजल लगा लिया और तेल लगे बालों में कंघी कर ली)। जनता खुशी से नैनीतालों गाती और नाचती थी। यह एक तरह से सिगनेचर टयून बन गई। नैनीताल का कोई भी दौरा भोवाली सैनीटोरियम जाकर टी.बी. के मरीज़, डाक्टर और कर्मचारियों का मनोरंजन किए बिना संपन्न नहीं होता था। वे हैयदाखान के नीम करोली बाबा, मल्ली ताल के गुरुद्वारे के दर्शन के लिए अक्सर जाया करते थे। गोविन्द वल्लभ पन्त उनके बहुत चहेते थे। एक बार उनके आगमन पर उन्होंने व उनकी टीम ने नैनीताल

ग्राऊंड में शानदार प्रदर्शन किया। उनके व मेरे भाई द्वारा प्रस्तुत किया भील नृत्य मुख्याकर्षण था। मुझे पहली बार बाहर शिकार करना सीखने वाले के तौर पर इसमें शामिल किया गया। मुझे याद है कि पंडित जी ने नैनीताल के लोगों को नृत्य और संगीत से प्रसन्नता प्रदान करने के लिए एक बड़ी ट्रॉफी प्रदान की। उन्हें काठगोदाम नज़दीक 'कालाढूंगा' में पांच एकड़ जमीन भी दी।

'कटी पतंग' की शूटिंग के दौरान अभिनेता नाजिर हुसैन (पूर्व आज़ाद हिन्द सैनिक) ने लियानार्ड विल्ला में कप्तान राम सिंह व आज़ाद हिन्द सेना के बैंड सदस्यों से मिलने का निश्चय किया। उन्होंने आज़ाद हिन्द के गीत गाए एवं नेता जी व अन्य साथियों को भी याद किया। एक बार नसीरूद्दीन शाह हुसैन जब अपने छोटे बेटे विवान से मिलने देहरादून में दून स्कूल के वार्षिक समारोह में आए तो मैं उन्हें एक भोज में मिला। हमने नाट्यशाला एवं नैनीताल के सेंट जोसफ स्कूल में उनके व्यतीत किए दिनों के विषय में बात की। उनके स्कूल में हुई खेलों और बैंड का जिक्र करने पर उन्होंने तुरन्त कहा, 'आह। प्रान्तीय सशस्त्र बल बैंड - हां कप्तान राम सिंह... वाह क्या आदमी है।' फिर हम दोनों ने इकट्ठे उनको याद किया। लगभग 45 साल बाद भी उन्होंने कप्तान राम सिंह को उनके नाम और पी.ए.सी. बैंड से उनके गहरे लगाव को याद किया। मेरे पिता जी की यह विशेषता थी कि जो भी उन्हें उनके जीवन में मिला, उन्हें भूल नहीं पाया और महत्वपूर्ण यह कि वह उनके गीतों, संगीत के अतिरिक्त एक गर्मजोशी से प्यार करने वाले इन्सान के तौर पर याद करता। उत्तर प्रदेश में रामपुर के नवाब भी उन्हें प्यार करते थे और उन्होंने कप्तान को एक प्यानो, एकार्डियन और एक चांदी के सैक्साफोन से सम्मानित किया।

कप्तान आम लोगों के आदमी थे। यदि कहा जाए तो हर व्यक्ति के आदमी थे। उनके पास सदैव मुस्कुराता स्वागत भरा चेहरा और स्नेहिल भाव भंगिमा थीं। उनकी आंखों में एक अलग सी चमक थी, वे लोगों से मिलते और खुलकर बातें करते। वे छोटी सी मुलाकात में ही बेतकल्लुफ हो जाते। वे सदैव धरती से जुड़े कलाकार थे। डाउन टू अर्थ। रहन-सहन और रुचियों में बिल्कुल साधारण। अक्सर उन्हें पुलिस यूनीफार्म और बैंड मास्टर की पोशाक में देखा जा सकता था। गर्मियों में सफेद कमीज़ के साथ खाकी

पैंट या सफेद पैंट, सर्दियों में सफेद कमीज, ग्रे पायजामा नीला स्वैटर और यू.पी. पुलिस की टाई पहने होते थे। वे अक्सर पैदल चलते या साईकिल पर होते। वाहन केवल दफ्तरी काम के लिए प्रयोग करते। चाहे वे जीप पर जाने के हकदार थे, परन्तु उन्होंने कभी भी इसकी मांग नहीं की। वे अपने साथियों के साथ थ्री टन के ट्रक पर सवार होकर आगे ड्राइवर के साथ बैठकर घूमने में खुश रहते थे। वे अपनी ड्यूटी और अपने संगीत में इस कदर खोए रहते कि घर पर बहुत कम समय बिताते।

जब बाहर जाते तो अपने साथ कभी पैसा नहीं ले जाते। कभी कोई चीज़ नहीं खरीदी। वे जब भी काम से वापिस आते तो खाना घर पर ही खाते या कभी-कभी बैरक की मैस में अपने साथियों के साथ खाते। उन्हें जब थाली में परोस कर खाना दिया जाता तो खुश होकर खा लेते। कभी किसी खास चीज़ की मांग नहीं करते। परन्तु कई बार गन्दरक (सूखी मूली कड़ी) या अमृतसरी बड़ी की ख्वाहिश मां से कर लेते। यदि उनके कपड़ों में कोई इज़ाफा होता तो वह प्लेन बुश्शर्ट होती जो हम खरीद कर लाते। उनका ड्राइंग रुम में औपचारिक रूप से पहली बार बैठना तब हुआ जब मैंने काम करना शुरू किया और कुछ लकड़ी की कुर्सियां उसमें लगाई। मेरे माता-पिता सब्जियां उगाने, मुर्गियां पालने और दूध के लिए भैंस रखने के शौकीन थे। वे स्वतन्त्र विचारों के थे। न फैसले सुनाते और न ही उपदेश देते। वे सबके साथ अच्छा व्यवहार करते और अपने बच्चों, भाइयों और बहन की भी देखभाल करते रहे जब तक वे खुद काम करने योग्य नहीं हो गए। वे व्यापारिक मनोवृत्ति वाले नहीं थे। वे एक बड़े दिलवाले दानी थे।

वे इस बात पर विशेष ध्यान रखते कि वे बटालियन के सभी समारोहों और त्यौहारों पर उपस्थित हों। मुझे याद है कि वे अपने जवानों से होली के लिए गले मिलते थे। उसी तरह अपने से ऊंचे पदों वाले से मिलते और अपनी टीम से भी मिलते। केवल एक बार उन्होंने मुख्यमंत्री बहुगुणाजी के निवास स्थान पर होली मनाई। वे ईद पर इसलाम अहमद को और क्रिसमस में आई.जी. दास को शुभकामनाएं देते। रास्ते में वे प्रिंसीपल, अध्यापकों और दूसरे अफसरों से मिलते। इसी तरह अध्यापकों और दूसरे अफसरों से भी मिलते। वे कभी भी पादरी और मदर्स सुपीरियर के साथ मसीही गीत गाने से नहीं चूकते। उनके गोरखा सम्प्रदाय के लोग दशहरे पर निरन्तर घर पर आते।

हर कोई प्रसन्नचित नाचते हुए बड़ों से आशीर्वाद लेते। हम अक्सर कानों में जौ का घास लगाए चावल दही का टीका लगाते। दीवाली पर कई दिनों तक हमारे सम्प्रदाय के समूह 'दिओसारी' या 'भैलो' गाने नाचते आते। वे तब तक नाचते और गाते रहते जब तक मेरे माता-पिता उन्हें आशीर्वाद और कुछ भेंट न देते, अन्त में वे मेरे माता-पिता को भी अपने साथ खींच लेते। हमने मां को कभी नाचते नहीं देखा था। तब पता चला कि वे कितनी कुशलता से नाच लेती थीं। 'हरसू खुशी और खुशी ही घाई होती।'

कप्तान राम सिंह का घर एक धर्मशाला की तरह था। कोई पहले समय लेने की जरुरत नहीं थी। यह हर घड़ी खुला रहने वाला घर था। हर ओर खुशी व मस्ती छाई रहती। मेरे मां-बाप का तीमारदार आदमी बलदेव जो उनके पास तीस साल से भी ज्यादा काम कर रहा था, बड़ी मुस्तैदी से उनकी सहायता करता। वह घर-परिवार का एक हिस्सा बन गया था। रिश्तेदारों के अलावा, रिश्तेदारों के दोस्त व दोस्तों के दोस्त और यहां तक कि अपरिचित भी आते जाते रहते थे। उन्होंने कभी किसी को न कहा ही नहीं था। हमारे पास संगीत से जुड़े लोग जो अपने गीतों, संगीत, गायकी व नृत्यकला दिखाकर उनकी स्वीकृति व मश्विरा लेने आते। कुछ संस्थाओं वाले उन्हें मुख्यातिथि के तौर पर आमन्त्रित करने भी आते। इसके अतिरिक्त बच्चों के दाखिले नौकरी की सिफारिश, बदली के लिए सहायता और यहां तक कि जमानत करवाने में मदद करने के लिए भी आते। हमारे घर में बहुत सारे सीनियर, सिविल या पुलिस अधिकारी अपने बच्चों को स्कूल में दाख़िले के लिए सिफारिश करवाने आते और पिता जी किसी को भी मना नहीं करते थे।

एक प्रसंग यूं है कि हम लोरेटो कान्वैन्ट के पास से गुजर रहे थे और उन्होंने कहा बेटा आओ, हम चले बड़ी मदर, प्रिंसीपल को मिलकर आए। जूनियर मदर ने उनसे पूछा कि क्या उन्होंने समय लिया है? उन्होंने कहा नहीं मैं तो केवल 'हैलो' कहना चाहता था। सच है उन्होंने कभी भी मुलाकात का समय नहीं लिया था। बिना पलक झपके वह उठ खड़े होते और बच्चों के मां-बाप के इशारे पर उनके स्कूल चले जाते। अत: हम भी स्कूल के अन्दर चले गए और चपरासी ने उनका नाम लेकर सेल्यूट किया और उन्होंने कहा कि मदर सुपीरियर (प्रिंसीपल) से कहो कि कप्तान राम सिंह आए हैं। तुरन्त मदर सुपीरियर बरनाडिन अपने कर्मचारियों के साथ कप्तान राम सिंह को

हैलो करने आ गई और मुझे कहने लगीं कि आप जानते हो मुझे दो सीटें पहले ही दाखिले के लिए खाली रखनी पड़ती हैं। एक मुख्यमंत्री के लिए और दूसरी अपने दोस्त कप्तान राम सिंह के लिए। हमें कोई अन्दाजा नहीं होता कि वे कब किस क्लास के लिए किसके साथ आ जाएं। हम सब उनसे इतना प्यार करते हैं कि उनका सदैव स्वागत है। उन्होंने हमारे स्कूल के लिए इतना कुछ किया है जो भुलाया नहीं जा सकता। यही कहानी दूसरे स्कूलों के लिए भी यकसां थी।

यह सच बात है कि 'एपायंटमेन्ट' के लिए वे किसी से भी पहले समय नहीं लेते थे। चाहे कोई भी हो, मुख्यमंत्री हो या गवर्नर, सचिव हो या डी.जी. या आई.जी., प्रिंसीपल हो या अध्यापक, जहां कही भी जाते बेरोक टोक से सभी बाहर आकर उनका स्वागत करके अन्दर ले जाते। मैं सोचता हूं कि यह सब उनके प्रति लोगों का आकर्षण या कोई करिश्मा रहा होगा। या फिर मात्र सम्मान जिसे उन्होंने देश के प्रति अपने अमूल्य योगदान से अर्जित किया था।

एक और आश्चर्यचकित करने वाली बात यह है कि किसी भी इवैंट या समारोह या परेड में वह अपना काम करते और अपने आदमियों के साथ अपने स्थान पर बैठ जाते। आमतौर पर मैदान के मध्य में या अपनी टुकड़ी के पीछे बैठते। स्टेज पर अपनी परफारमेन्स के बाद स्टेज के पीछे जाकर बैठ जाते। समारोह के अन्त में मुख्यातिथि कप्तान राम सिंह से मिलने की इच्छा प्रकट करते तो वहां पर अफरा-तफरी और शोर मच जाता। अक्सर मुख्यातिथि स्वयं उन तक पहुंचने का प्रयास करते। इसी तरह 'शेरवुड कालेज' के वार्षिक दिवस पर फील्ड मार्शल मानेकशाह, तीन मूर्ति भवन में देशभक्ति के गीतों की सन्ध्या के अन्त में डा. कर्ण सिंह के साथ प्रधानमंत्री इन्दिरा गांधी, बटालियन के झंडा प्रदर्शन के लिए लखनऊ के पुलिस लाईन में पंडितजी और पद्माजी महत्वपूर्ण नाम है। परन्तु यह सूची बहुत लम्बी है। एक ऐसी ही मुलाकात में लखनऊ में पंडित जी ने कप्तान को सब इन्सपैक्टर देखकर हैरानी प्रकट की जबकि वे पहले कप्तान थे। तब उन्हें इंस्पैक्टर के प्रशिक्षण के लिए भेज दिया गया और बाद में इन्स्पैक्टर बना दिया गया था। इस तरह के थे मेरे पिता कप्तान राम सिंह जिन्होंने कभी भी अपने लिए कुछ भी नहीं चाहा और वे केवल देश व समाज के लिए कर्म करते जीवित रहे।

आज़ादी के बाद नेताजी सुभाष चन्द्र बोस ब्यूरो की ओर से 'चलो दिल्ली' नाम से एक कैसेट एलबम रिलीज़ किया गया था। इस एलबम में राम सिंह द्वारा आईएनए में रहते हुए जिन गीतों को स्वरवद्ध किया गया था, उनमें से चुनिन्दा गीतों को संकलित किया गया है। यह एलबम बॉलीवुड की ख्याति प्राप्त कम्पनी एचएमवी द्वारा तैयार की गई थी। इसमें कैप्टन राम सिंह व उनके आर्केस्ट्रा टुप को डंयू क्रेडिट दिया गया।

पीएसी : प्रोविंशियल आर्म्ड कॉन्सटैबुलरी

कैप्टन राम सिंह ने महानगर लखनऊ की तीसरी (3rd) बटालियन को ज्वाइन किया था। अब इसका नामकरण पैंतीस बटालियन है। आइएनए के पूर्व डीआईजी रतौड़ी कैप्टन राम सिंह को पीएसी में लाए थे। पर कैप्टन की एक शर्त कि वे आर्केस्ट्रा के उन सभी सदस्यों को पीएसी में लेंगे जो आईएनए में उनके बैंड में थे। तत्पश्चात कुछ महीनों में ही पीएसी बैंड की स्थापना हो गई और यह बटालियन की जीवन रेखा बन गया। पासिंग आऊट परेड़, गणतंत्र दिवस समारोह, स्कूलों व अन्य शिक्षण संस्थाओं के समारोहों व पुलिस के समारोहों में पीएसी बैंड लगातार अपनी उपस्थिति दर्ज कराता रहा। यहां तक कि प्राइवेट तौर पर भी बैंड को निमन्त्रण मिलते रहे। इसके लिए बाकायदा फीस वसूली पाती और बटालियन की आय में उत्तरोत्तर वृद्धि होने लगी। उत्तर प्रदेश की सभी पुलिस बटालियनों में कैप्टन राम सिंह को स्वतंत्र रूप से पुलिस पाइप और ब्रास बैंड का गठन करने को सौभाग्य प्राप्त हुआ। इस कार्य को अन्जाम देने के लिए उन्होंने पूरे देश से संगीत में प्रतिभाशाली लोगों के लिए 'टेलेन्ट हन्ट' की मुहिम चलाई। बिना किसी भेदभाव के सभी सम्प्रदायों से पाइप व ब्रास बैंड में सिद्धहस्त कलाकारों का चयन किया गया। मुझे कुछ नाम याद आ रहे हैं पालटू तिवारी, कैलाश जा भजन व कीर्तन गायन में अग्रणी नाम थे। बाहिद अली सूफी व कव्वाली टीम के मुखिया थे। बाहिद को सरगम में ऊंचे सुरों व अलाप के लिए जाना जाता था। ज़ैज बैण्ड के प्रमुख जोसेफ थे जो पियानो बजाने में मास्टर थे। हारमोनियम पर शब्द कीर्तन की प्रस्तुतियां स्वयं राम सिंह देते थे क्योंकि उन पर 1947 से पूर्व अविभाजित पंजाब का प्रभाव था।

पीएसी बैंड पर पाश्चात्य क्लासिक संगीत की धुनों की प्रस्तुति प्रत्येक श्रोता को आश्चर्यचकित कर देती थी। बीथोवन, मोजार्ट, शुवर्ट, चोपन आदि पाश्चात्य संगीत की प्रस्तुतियां बैरक लॉक में से सर्कल बनाकर दी जातीं। कैप्टन जब बैंड के संचालन के लिए कलाकारों के मध्य पहुंचते तो आर्केस्ट्रा के सभी कलाकार अपनी-अपनी कुर्सियों से उठकर उनका आदरपूर्वक अभिवादन करते।

आईएनए में रहते हुए जब कप्तान सिंगापुर में थे तो वे एक जर्मन संचालक (कंडक्टर) के सिम्फनी आर्केस्ट्रा में नियमित रूप से वॉयलिन बजाते थे। इस कंडक्टर ने कर्नल लक्ष्मी सहगल से एक दफा कहा था कि कैप्टन राम सिंह गलत देश में पैदा हुए हैं। अगर उन्हें किसी दूसरे देश में संगीत में उचित प्रशिक्षण मिला होता तो वे शायद 'म्यूज़िकल जीनियस' होते।

कैप्टन राम सिंह के विषय में बार-बार उनकी वॉयलिन का जिक्र होता है। जिस वॉयलिन को नेताजी सुभाष ने उन्हें भेंट किया था उसे भारत में लाल किले पर पहुंचने से पूर्व उनसे अंग्रेजी हुकूमत ने छीन लिया था। फिर यही वायलिन उनके लिए जीवन दान लेकर आई। कुछ अन्य आईएनए सिपाहियों के साथ उन्हें भी फांसी पर लटकाने का फरमान सुना दिया गया था। लेकिन राम सिंह की वॉयलिन से अंग्रेज़ अफसर का दिल पसीज गया और वे बच गए। उनकी वॉयलिन के खोने और पुन: मिलने के अनेक किस्से हैं जिनमें से एक दिलचस्प है। ट्रेन में एक दफा वे मुरादाबाद से लखनऊ आ रहे थे। घर पहुंचने पर पता चला कि वे अपनी वॉयलिन तो रेलगाड़ी में ही भूल आए हैं। उन्होंने तुरन्त सरकार से सम्पर्क साधा और कहा कि वे अपनी वॉयलिन के बिना जीवित नहीं रह सकते। उसे तुरन्त ढूंढा जाए। उन्होंने कमलापति त्रिपाठी और शहनवाज़ खान से सम्पर्क किया। काफी मशक्कत के बाद उनकी वायलिन उन्हें प्राप्त हो पाई।

सरकारी स्तर पर सरकार व प्रशासन की असंवेदनशीलता का एक प्रसंग भी मुझे नहीं भूलता। हिमाचल के भाषा व संस्कृति विभाग ने धर्मशाला में 2010 में एक 'हैरिटेज एक्जीवीज़न' का आयोजन किया था। यह प्रदर्शनी गोरखा समुदाय के इतिहास, परम्परा, संस्कृति को समर्पित थी। इसका आयोजन कांगड़ा म्यूज़ियम में हुआ था। मैंने लखनऊ में 35वीं बटालियन के कंमाडेन्ट को लिखित निवेदन किया था कि धर्मशाला प्रदर्शनी में कैप्टन राम सिंह को

म्यूज़िकल इन्स्ट्रमेन्टस, अन्य स्मृति चिन्हों, पुरस्कारों, साजो-सामान व नेताजी सुभाष की ऑयल पेन्टिग को प्रदर्शनी में डिस्पले करने की अनुमति प्रदान की जाए। इसके लिए मेरे चाचा पूर्ण सिंह कंमांडेन्ट को व्यक्तिगत रूप से भी मिले थे। लेकिन इस बारे में कोई रिसपॉन्स नहीं मिला।

मेरा विश्वास है कि देर सवेर भारत सरकार कैप्टन राम सिंह के अमूल्य, अविस्मरणीय व अप्रतिम योगदान को मान्यता प्रदान करेगी और उन्हें उस मान-सम्मान से अलंकृत करेगी जिसके वे हमेशा हकदार रहेंगे।

मूल अंग्रेजी से प्रोमिला अरोड़ा व राजेन्द्र राजन द्वारा अनूदित व संपादित

कदम कदम बढ़ाए जा...

–आनंद सिन्हा

'भारत की आज़ादी के लिए मर-मिटने को आमादा शूरवीरों का आत्मबल तमाम झंझावत झेलने के बाद भी कम नहीं हुआ था। स्वतंत्रता संग्राम के मतवालों का 'जय हिन्द' और 'भारत माता की जय' का उद्घोष धरती-आकाश एक कर देता था। सैकड़ों माताओं की कोख सूनी हो गई, लेकिन दुख इस बात का है कि अपना सब कुछ न्यौछावर कर आज़ादी पाने की इन वीर सपूतों की तमन्ना चंद गद्दारों ने धूल-धूसरित कर दी थी। हमारी आज़ाद हिन्द फौज ने इम्फाल में ब्रिटिश सेना को चारों ओर से घेर लिया था। इसके बावजूद हमें पीछे हटना पड़ा, क्योंकि हमारे ही सिपाहियों ने हमें धोखा दिया था। गद्दारों की इस हरकत से नेताजी विचलित हो उठे थे। उन्हें ग़हरी ठेस पहुंची थी।'

अपने जीवन का यह अविस्मरणीय प्रसंग सुनाते हुए कैप्टन राम सिंह का कंठ अवरूद्ध हो उठा। उनकी आवाज भर्रा गई, किंतु उनके बोलने का क्रम जारी रहा, नेताजी इस घटना से काफी खिन्न थे। रंगून में उन्होंने गरजते हुए कहा था, 'मुझे अफसोस है कि मैंने ऐसे गद्दारों से हाथ मिलाया, जिन्होंने मुझे धोखा दिया।'

कैप्टन राम सिंह भावुक हो उठे थे। उनकी आंखें नम हो गई थीं। उनका शरीर वृद्धावस्था की गिरफ्त में आ चुका है, किंतु आज़ाद हिन्द फौज के इस जवान में आत्मविश्वास और संघर्ष का माद्दा अब भी पूर्व की भांति विद्यमान है। नेताजी सुभाष चन्द्र बोस के साथी और स्वतंत्रता की अलख जमाने वाले कैप्टन राम सिंह ही वह व्यक्ति हैं, जिन्होंने राष्ट्रगान 'जन गण मन...' और लोकप्रिय ओजस्वी गीत 'कदम-कदम बढ़ाए जा...' की धुनें तैयार की थी।

बयासी वर्षीय कैप्टन राम सिंह लखनऊ के महानगर इलाके में स्थित एक सरकारी बंगले में रहते हैं। उनके परिवार में कुल पांच सदस्य हैं। वह स्वयं, उनकी पत्नी प्रेमकली ठाकुर और तीन पुत्र-प्रकाश, रमेश और कैप्टन उदय शंकर। प्रकाश एक निजी कंपनी में मैनेजर है और रमेश एक दवा कंपनी में प्रबंध निदेशक हैं। इन दोनों ने अपने अलग घर बना लिए हैं, जबकि राम सिंह अपने सबसे छोटे पुत्र कैप्टन उदय शंकर के साथ रहते हैं।

15 अगस्त 1914 को हिमाचल प्रदेश के कांगड़ा जिले के धर्मशाला कस्बे के समीप खनियारा गांव में जन्में कैप्टन राम सिंह विलक्षण प्रतिभा के धनी हैं। उनके पिता दिलीप सिंह ठाकुर ब्रिटिश इंडिया आर्मी में हवलदार थे। दिलीप सिंह की चार संताने थीं- तीन पुत्र राम सिंह, रघुवीर सिंह, पूरन सिंह और एक पुत्री दुर्गावती ठाकुर। सन् 1928 में राम सिंह को ब्रिटिश इंडिया आर्मी में भर्ती करा दिया था।

राम सिंह की प्रथम नियुक्ति गोरखा राइफल की द्वितीय बटालियन में राइफलमैन के पद पर हुई थी। तैनाती के समय उन्हें मात्र एक रुपए आठ आना वेतन मिलता था। सन् 1936 में राम सिंह लांसनायक बनाए गए। वर्ष 1937 में प्रेमकली के साथ उनका विवाह हुआ। 1940 में उनकी पदोन्नति क्रमशः नायक, फिर हवलदार तभा हवलदार मेजर के पद पर हुई।

यह उस समय की बात है, जब भारत पर ब्रिटिश हुकूमत थी। आज़ादी के लिए छिड़ी जंग भी अपने चरमोत्कर्ष पर थी। महात्मा गांधी, जवाहर लाल नेहरू और सरदार वल्लभभाई पटेल के आह्वान पर देश के अनगिनत वीर सपूत मातृभूमि की आज़ादी के लिए मर-मिटने को तैयार थे। ब्रिटिश इंडिया आर्मी के अधिकतर फौजी भारतीय ही थे।

अपने देशवासियों को स्वतंत्रता के लिए जूझते देख भारतीय सैनिकों के दिलों में भी वतन की आज़ादी की अग्नि प्रज्जवलित हो चुकी थी।

बातचीत का सिलसिला जारी था। कैप्टन राम सिंह भूली-बिसरी यादें समेटने लगे।

सन् 1941 के आरंभ में स्थितियां तेजी से बदलने लगी। ब्रिटिश साम्राज्य को एक ओर आज़ादी के लिए बढ़ते दबाव को कुचलना पड़ रहा था, वहीं दूसरी ओर अन्तरराष्ट्रीय परिदृश्य बदलने लगा था। सुदूरवर्ती पूर्वी एशिया में अमेरिकी और जापानी फौजों के मध्य तनाव बढ़ने लगा।

मलेशिया, थाईलैंड और सिंगापुर के समीपवर्ती समुद्री क्षेत्र में दिन-प्रतिदिन जापानी फौजों का वर्चस्व बढ़ता जा रहा था। जापानी फौजों की इन बढ़ती गतिविधियों ने अमेरिका की नींद हराम कर दी थी। लिहाज़ा अमेरिका ने जापानी फौजों की हरकत पर आपत्ति की। जब मामला बातचीत से हल होता नहीं नजर आया, जो अमेरिका ने भी पूर्वी एशिया में अपनी फौजी तादाद बढ़ाने का फैसला किया। अमेरिका और जापान के बीच वार्ता के कई दौर चले। जापानी अपनी बात पर अड़े थे। जापान ने बार-बार यही कहा कि हम इस क्षेत्र में महज़ प्रशिक्षण करने आए हैं। यह बात अमेरिका के गले नहीं उतरी।

अमेरिका के लिए अपना फौजी बेड़ा पूर्वी एशिया में भेजना सहज नहीं था। पर्याप्त मात्रा में फौज भेजने में काफी समय लगता। अत: अमेरिका ने ब्रिटिश इंडिया आर्मी की कई रेजीमेंट पूर्वी एशिया में भेजने का फैसला किया। ब्रिटिश साम्राज्य भी इस बात के लिए सहमत हो गया। चूंकि पूर्वी एशिया भारत के निकट था, अत: ब्रिटिश इंडिया आर्मी की तमाम रेजीमेंट सितम्बर 1941 में पूर्वी एशिया भेजी गईं।

'8 सितम्बर 1941 की सुबह करीब चार बजे हमें सिकंदराबाद से रवाना होता था। हम तकरीबन पन्द्रह रोज बाद मलाया पहुंचे। मलाया में 'इपो' नामक स्थान पर हमारा कैंप लगा।

7 दिसम्बर 1941 की रात करीब एक बजे अमेरिका और जापान के मध्य युद्ध घोषित हो गया। दिसम्बर की सुबह हम लोग जिवा फ्रंट पहुंचे। ग्यारह दिसम्बर को हमारा और जापानियों का घमासान युद्ध हुआ। दोनों ओर के सैकड़ों सैनिक मारे गए। हमें जंगलों में शरण लेनी पड़ी। कई दिनों तक

हम अपने साथियों के साथ जंगल में भूखे-प्यासे भटकते रहे। जापानी फौज हमारी तलाश में थी। हमारी फौज के बटालियन हैडक्वाटर्स आदि सब उजड़ चुके थे। जापानी फौज के चंगुल से बच निकलना बड़ा दुष्कर था। हमारी फौज के तमाम अफसर भी जापानी सेना के बंदी बन चुके थे। अंत में जापानियों ने हमारे गुट को भी गिरफ्तार कर लिया।

15 फरवरी 1942 को सिंगापुर पर जापानियों का कब्जा हो गया। ब्रिटिश फौज को जापानियों के समक्ष समर्पण करना पड़ा। हमें जापानियों ने सिंगापुर के युद्ध बंदी कैंप में कैदी बनाकर रखा।

इस दरम्यान भारत में कांग्रेस पार्टी दो धड़ों में बंट चुकी थी–नरम दल और गरम दल। गरम दल का नेतृत्व नेताजी सुभाष चन्द्र बोस के हाथों में था। उधर रासबिहारी बोस ने अपने साथियों के साथ आज़ादी की क्रांतिकारी लड़ाई छेड़ दी थी। भारत में वॉयसराय पर बम फेंका गया। रासबिहारी बोस और उनके साथियों ने इस महान कार्य को अंजाम दिया था। ब्रिटिश सरकार रासबिहारी बोस और उनके साथियों की सरगर्मी से तलाश कर रही थी। लिहाज़ा रासबिहारी बोस और उनके अनेक साथी जापान में आ बसे। टोक्यो में रहनेवाले भारतीयों की मदद से रासबिहारी बोस ने 'इंडियन इंडिपेंडेंस लीग' का समस्त कार्य संभाला था।

उधर जापानियों की कैद में आने के बाद ब्रिटिश इंडिया फौज के सिपाहियों के पैरों में पड़ी ब्रिटिश साम्राज्य की बेड़ियां टूट गईं। भारतीय फौजियों के दिल में जल रही जंगे–आज़ादी की आग धधक उठी। 17 फरवरी 1942 को सिंगापुर के फारेर पार्क में ब्रिटिश भारतीय फौज के कैप्टन मोहन सिंह के जोशीले भाषण ने भारतीयों में मातृभूमि की स्वतंत्रता के लिए जो लहर पैदा की, यह फिर रोके नहीं रूकी। सभी एकजुट होकर भारत की आज़ादी के लिए मरने–मिटने को आतुर हो उठे।

'मैं आज भी वह मंजर भूल नहीं पाता। तकरीबन पचास हजार सैनिक एकत्र थे। कैप्टन मोहन सिंह का भाषण सुनने के बाद मानो पूरा सिंगापुर 'भारत माता की जयकार' से गूंज उठा था। शरीर का रक्त उफान मारने लगा था। भारतीय फौजियों की इस मानसिकता और उन्माद को देख जापानी फौज ने भी उत्साह बढ़ाया। भारतीय फौज के अधिसंख्य सिपाही आज़ादी की जंग में हिस्सा लेने के लिए कैप्टन मोहन सिंह के साथ हो गए। मैं चूंकि गोरखा राइफल की बैण्ड पार्टी में हवलदार मेजर था, अतः गीत के माध्यम से युद्धबंदियों का मनोरंजन कर उनमें नया जोश भरने का काम मेरे सुपुर्द किया गया। हम अपने साथियों के साथ विभिन्न कैंपों में जाकर गीत, गाते और इन गीतों की जोशीली धुन फौजियों में बेपनाह जोश भर देती।

यह क्रम जारी था कि मार्च 1942 में रासबिहारी बोस सिंगापुर पधारे। उनका भव्य स्वागत किया गया। हमारी बैण्ड पार्टी में शामिल जवानों ने भी जी–जान लगाकर तमाम राष्ट्र भक्ति के गीतों की धुनें बनाईं। इस दरम्यान भारतीय सैनिकों की कमान अपने हाथों में रखने की बात को लेकर कैप्टन

मोहन सिंह और रासबिहारी बोस के बीच कुछ मतभेद हो गए। एकबारगी तो ऐसा लगा कि आज़ादी का सपना कहीं बिखर न जाए, लेकिन फिर स्थिति काबू में आ गई।

जून 1942 में बैंकाक में रासबिहारी बोस और कैप्टन मोहनसिंह ने मिल–बैठकर रणनीति बनाई। आज़ाद हिन्द फौज की स्थापना हुई और कैप्टन मोहन सिंह को प्रथम जनरल ऑफिसर कमांडिंग बनाया गया। साथ ही चार ब्रिगेडों के नाम गांधी, सुभाष, नेहरू और अब्दुल कलाम आज़ाद के नाम पर रखे गए थे।

नेताजी सुभाष चन्द्र बोस उस दौरान बर्लिन में थे। बैंकाक की इस मीटिंग में जापानी सरकार के प्रतिनिधि फूजीवारा मौजूद थे। उन्होंने सुभाष चन्द्र बोस को जल्दी ही बर्लिन से जापान लाने का आश्वासन दिया।

नेताजी के सिंगापुर पहुंचने तक तमाम फौजी ट्रेनिंग और रणनीति बनाने में व्यस्त रहे। दूसरी तैयारियां भी होती रहीं। फौज में भारतीय मूल के सिंगापुर वासियों को भी भर्ती किया गया। फौजियों की संख्या बढ़ी, तो और अधिक ब्रिगेड बनाई गईं। महिलाओं और बालकों की भी ब्रिगेड बनी। फौज के लिए तमाम हथियार और रसद आदि की व्यवस्था भी की गई।

उधर पूर्वी एशिया में यह बात चर्चा में थी कि नेताजी शीघ्र ही भारत से सिंगापुर आने वाले हैं। वैसे आज़ाद हिन्द फौज की स्थापना का मूल विचार नेताजी का ही था। जनवरी 1942 में ही नेताजी अपनी फौज बनाने के मकसद से निकल पड़े थे। मुझे तारीख और माह तो याद नहीं, लेकिन जो उस समय चर्चा थी, उसके मुताबिक नेताजी के लिए हावड़ा से पेशावर जाने वाली गाड़ी में टिकट बुक था। नेताजी ब्रिटिश सरकार से छुपते–छुपाते पेशावर जाना चाहते थे, लेकिन किसी वजह से वह ट्रेन नहीं पकड़ सके। अतएव उनके भतीजे उन्हें कार द्वारा वर्धमान ले गए। वर्धमान में उन्होंने गाड़ी पकड़ी। नेताजी उस वक्त पठान–वेश में थे। पेशावर पहुंचकर उन्होंने अपने किसी खास आदमी के जरिये काबुल सीमा पार की। इसके लिए नेताजी को गूंगा बनना पड़ा था।

काबुल में नेताजी के परिचित प्रेमचन्द्र मल्होत्रा रहते थे। प्रेमचंद्र मल्होत्रा का उन्हें काफी सहयोग मिला। नेताजी उनके सहयोग से रूस होते हुए जर्मनी पहुंचे। बर्लिन में नेताजी ने हिटलर से भारतीय स्वतंत्रता के फौजी हल की बाबत तमाम विचार–विमर्श किए। हिटलर ने उन्हें पूर्ण विश्वास दिलाया कि जो भी

मदद संभव होगी, उन्हें मुहैया कराई जाएगी। इटली का जनरल मुसोलिनी भी हिटलर का विश्वासपात्र था। मुसोलिनी ने भी नेताजी को सहयोग करने का वादा किया, फिर उन्हें समुद्र के रास्ते इटली से जापान पहुंचने का इंतजाम किया।

नेताजी के जापान पहुंचने पर उनका भव्य स्वागत हुआ। जापान में रहनेवाले हिन्दुस्तानियों ने उन्हें सिर-आंखों पर बैठाया। अपने भव्य स्वागत से नेताजी गद्‌गद्‌ हो उठे थे। उन्हें विश्वास हो चला था कि हिन्दुस्तान आज़ाद होकर रहेगा। कुछ दिनों तक जापानी सरकार और फौजी जनरलों से नेताजी ने मुलाकात की। युद्ध की तमाम बारीकियों पर मशविरा होता रहा। तत्पश्चात जुलाई 1943 में नेताजी के सिंगापुर जाने का कार्यक्रम निश्चित किया गया।

नेताजी 3 जुलाई 1943 को सिंगापुर पहुंचे। उस जोश और उमंग का बयान मैं कैसे करूं, मरते दम तक मैं उस दिन को बिसरा नहीं सकता। आज भी उस दिन को याद करके बाजू फड़क उठते हैं। अपार जन-सैलाब उमड़ आया था। 'जय हिन्द' और 'नेताजी सुभाष चन्द्र बोस जिन्दाबाद' के नारों से आकाश फटा जा रहा था। पूरी फौज एकत्र थी। नेताजी ने फौज को संबोधित किया। उनके भाषण ने सिपाहियों के जोश को और भी बढ़ा दिया। भारतीय वीर सपूतों के उत्साह और आत्मविश्वास को वर्णित करना सहज नहीं। बस यह कहिए कि जंगे-आज़ादी का जुनून पूरी तरह सबके सिर चढ़कर बोल रहा था।

इसी दरम्यान मुझे पहली दफा नेताजी से मुलाकात करने का सौभाग्य मिला। उस देवतास्वरूप इंसान का मैं किस तरह बखान करूं। शब्द नहीं मिलते। उनमें अपनी मातृभूमि के लिए जो प्रेम और चाहत थी, उसकी मिसाल कम ही मिलती है वैसे तो हम सभी फौजियों में वतन की चाहत का जज्बा कूट-कूटकर भरा था, लेकिन नेताजी की देशभक्ति की कोई मिसाल नहीं। वह विरले इंसान थे। उनकी जिंदगी का एक ही मकसद था-देश की आज़ादी। देश के लिए वह पैदा हुए और देश के लिए ही उन्होंने सब कुछ बलिदान कर दिया।

मुझे आज भी याद है, हम सब एकजुट होकर फौज के तमाम संसाधन जुटा रहे थे। तभी नेताजी ने नारा दिया था, 'तुम मुझे खून दो, मैं तुम्हें आज़ादी दूंगा।'

जुलाई को कैथे बिल्डिंग में नेताजी के स्वागत के दौरान हमने अपनी बैण्ड पार्टी के साथ गीत गाया था। गीत के बोल थे, सुभाषजी, सुभाषजी, वह जान-ए-हिन्द आ गए, है नाज जिस पर हिन्द को, वह शान-ए-हिन्द आ गए...'

यह गीत सुनकर नेताजी भावुक हो उठे थे। उन्होंने मुझे अपने करीब बुलाया और आशीर्वाद देते हुए बोले, 'अब हमें अपने मुल्क की ओर जाना है। कुछ ऐसे गीत और धुनें बनाओ, कि हमारे नौजवानों के कदम वतन पहुंचने से पहले रूकें नहीं। उन्होंने मुझे 'जन गण मन...की भी धुन तैयार करने का निर्देश दिया। लिहाजा मैं अपने साथियों के साथ धुन बनाने में जुट गया।

21 अक्टूबर 1943 को आज़ाद हिन्द फौज अस्थायी सरकार बनी। 23 अक्टूबर 1943 को नेताजी ने सिंगापुर की कैथे बिल्डिंग में फौज को संबोधित किया। फौज ने सिंगापुर के म्युनिस्पिल ग्राउंड में परेड की। नेताजी को सलामी दी गई। हमारी बैण्ड पार्टी ने नेताजी के समक्ष 'कदम-कदम बढ़ाये जा, खुशी के गीत गाये जा...,' और राष्ट्रगान 'जन गण मन...' प्रदर्शित किया। इन गीतों की धुन इस कदर जोशीली थी कि भारतीय फौजी उत्साह से भर उठे। नेताजी ने प्रसन्न होकर मुझे अपनी वॉयलिन भेंट की। यह वॉयलिन जर्मनी की बनी हुई थी। नेताजी का अपनत्व देख मैं गद्गद् हो उठा था। वह मुझसे बोले, 'यह वॉयलिन मुझे बहुत प्रिय थी। इसे मैं तुम्हें इसलिए दे रहा हूं कि जब हम लाल किले पर तिरंगा फहराएंगे, उस वक्त तुम्हें इस वॉयलिन पर राष्ट्रगान गाकर सुनाना होगा।'

मैं कुछ बोल नहीं सका था। मेरे मन में तमाम विचार उमड़-घुमड़ रहे थे, लेकिन जबान ही नहीं हिली। मुंह से सिर्फदो लफ्ज निकले, 'ठीक है नेताजी।'

उसी रोज नेताजी ने हमारे अफसरों को निर्देश दिये कि राष्ट्रगान 'जन गण मन...' का हिन्दी अनुवाद किया जाए। फिर 'जन गण मन' के स्थान पर हम लोग 'शुभ सुख चैन की बरखा बरसे...' गाते थे। नेताजी के निजी सचिव आबिद हुसैन ने यह तर्जुमा किया था और मैंने इसकी धुन बनाई थी।

आरजी हुकूमत बनने के बाद कार्यों का बंटवारा हुआ। फौज के लिए धन जुटाना था। अस्पताल, दवाएं, और तमाम जरूरी चीजें जुटानी थीं। नेताजी ने कैथे बिल्डिंग से ऐलान किया, 'हमें तीन करोड़ रुपए की जरूरत है। फौज के लिए साजो-सामान चाहिए।

हम सिंगापुर में रहने वाले भारतवासियों से पैसा जुटाने में लग गए। माता-बहनों ने अपने ज़ेवर तक उतारकर दिए। तीन करोड़ की जगह सात करोड़ रुपए जमा हो गए। फिर नेताजी ने आदेश दिया कि पैसा एकत्र करना रोक दिया जाये।

23 अक्टूबर 1943 को ही मुझे आज़ाद हिन्द फौज का म्यूजिक डायरेक्टर नियुक्त किया गया था। साथ ही कैप्टन की उपाधि दी गई थी। इस दौरान तमाम गीत बने और उन गीतों की धुनें मैंने बनाईं। उसी समय हमने गीत,'हम देहली जाएंगे' तैयार किया था। इस गीत के बोल और धुन हमारे जवानों को सबसे अधिक प्रेरित करती थी। आज़ाद हिन्द फौज के लिए अधिकतर गीत कल्याण चन्द्र 'हसरत' लिखते थे।

इसी के बाद आज़ादी की लड़ाई शुरू हो गई।

हमारी फौज अपने वतन की ओर बढ़ने लगी। हर दुख-कष्ट हमने हंसते हुए झेला। सिंगापुर से जहाज द्वारा फौज रंगून आई। फिर रंगून से होते हुए बर्मा और उसके करीब 'आरा कान योमास' पहाड़ी श्रृंखला पार की। भूख-प्यास हमने झेली, लेकिन किसी ने उफ तक नहीं की।

हम अपने घर-परिवार से बहुत दूर भारत की बेड़ियां तोड़ने के मजबूत इरादे से आगे बढ़ते रहे। उस वक्त मेरा परिवार धर्मशाला में रहता था। मैंने वर्षों अपने परिवार की कोई सुध नहीं ली थी। हमारा कोई पता-ठिकाना भी तो नहीं था। कभी यहां तो कभी वहां।

जल्दी ही हमारी फौज बर्मा के निकट स्थित मकटीला टापू पहुंच गयी। नेताजी भी साथ थे। यूके की स्थिति का जायजा लेना था। कहां फौज रूकेगी, कहां से हमला किया जाएगा। रंगून से वह सिपाही की पोशाक में आए थे। उनकी मशीनगन उनके हाथ में थी। वह भौगोलिक स्थिति का जायजा ले रहे थे। इसी बीच किसी तरह ब्रिटिश फौजों को मालूम हो गया कि नेताजी मकटीला टापू पर मौजूद हैं। अंग्रेजों को पक्की खबर मिली थी, लेकिन नेताजी साधु का वेश धारणकर वहां से निकलने में कामयाब हो गए। कई मील उन्हें नाव में समुद्री यात्रा करनी पड़ी थी। फौजी अफसरों ने उन्हें अकेले जाने से रोका भी, पर वह रूके नहीं। अफसरों को उन्होंने अपना कार्य जारी रखने को कहा और स्वयं अकेले ही अंग्रेजी फौज को चकमा देकर निकल गए।

धीरे-धीरे हमारी फौज मणिपुर के करीब पहुंच गई थी। हमने इम्फाल को चारों ओर से घेर लिया था। इम्फाल में अंग्रेजों की 14 बटालियनें थीं। घेराबंदी से अंग्रेज़ सिपाही घबरा गए थे। वे हमें संदेश भेजते थे कि हमें आप भागने का रास्ता दे दीजिए, हम इम्फाल छोड़कर चले जाएंगे।

तीन दिनों तक हमारी फौज इम्फाल की घेराबंदी किये रही। 'जय हिन्द' और 'आज़ाद हिन्द फौज जिन्दाबाद' के नारों से आकाश गूंजता रहा। हमारा दुर्भाग्य यहां आड़े आया। फौज को हथियार और गोला-बारूद समय पर नहीं पहुंच सके। दरअसल रास्ते में आंधी आ गई थी। ज़बरदस्त बारिश हुई। फ्रंट में गए कुछ लोगों ने गद्दारी की। फ्रंट में गये कुछ लोगों ने अंग्रेजों को खबर कर दी कि हमारे पास अधिक सामग्री नहीं है। हम अंग्रेजों की फौज का मुकाबला नहीं कर सकते। लिहाज़ा हमारी फौजों को घेर लिया गया। यह घटना फरवरी 1945 के आसपास की है। मुझे तारीख ठीक से याद नहीं।

उधर अंग्रेजी फौजों ने रंगून को पूरी तरह घेर लिया था। फिरंगी हुकूमत नेताजी को गिरफ्तार करने पर आमादा थी। लिहाज़ा 24 अप्रैल 1945 को नेताजी के आदेश पर आईएनए का सुप्रीम हैडक्वार्टर रंगून से बैंकाक स्थानान्तरित कर दिया गया। इस बीच एक और हादसा हुआ। नेताजी ने अंग्रेजों के लिए गद्दारी करनेवाले आज़ाद हिन्द फौज के एक सिपाही को गिरफ्तार कर लिया। उसका नाम था-करीम गनी खां। उसे 16 अप्रैल 1945 को गिरफ्तार किया गया था। कहते हैं, नेताजी रंगून से रवाना होने से पहले करीम गनी खां से मिले थे और उसे अपने साथ बैंकाक ले गए थे।

मई 1945 में रंगून पूरी तरह अंग्रेज़ी फौज से घिर चुका था। लिहाजा अंतरराष्ट्रीय कानून के मुताबिक समझौता हुआ। उस वक्त हमारे जनरल लोकनायदन वहीं मौजूद थे। फिर हम सब बंदी बना लिए गए। हमें रंगून सेंट्रल जेल में रखा गया।

नेताजी ने इस दरम्यान मेरी कर्मठता से प्रसन्न होकर मुझे 1944 में स्वर्ण पदक देने की घोषणा की थी। पहली मई 1945 को जनरल लोकनायदन ने आज़ाद हिन्द फौज के अफसरों के सामने मुझे स्वर्ण पदक प्रदान किया था। नेताजी ने मुझे यह पदक आज़ाद हिन्द फौज के तमाम कौमी तरानों और राष्ट्रगान 'जन गण मन' की धुन बनाने तथा फौजियों का इस धुन से मनोबल ऊंचा रखने के लिए दिया था।

13 मई 1945 को हमारा जहाज रंगून से कलकत्ता के लिए रवाना हुआ। 18 मई को हम लोग कलकत्ता पहुंचे। इस दौरान हमें नारे लगाने की मनाही थी। कलकत्ता से हमें ट्रेन द्वारा 'जिगर किच्छा' से लाया गया। वहां हमारा सारा सामान अंग्रेजी फौज ने जमा करवा दिया। जमा करवाए गए सामान में

नेताजी द्वारा दी गई वॉयलिन, फोटो अलबम, घड़ियां और मेरे दो स्वर्ण पदक भी थे। बाद में किसी तरह यह सामान वापस मिल गया।

आज़ाद हिन्द फौज के बंदी सिपाहियों को भारत लाने की खबर पूरे देश में फैल गई। हमारे परिवार-जनों को यह खबर मिली, तो वे भी व्याकुल हो उठे। एक लंबे अरसे बाद मैंने अपने घरवालों को पत्र लिखा। इस पत्र के मिलने से पूर्व उन्हें यह नहीं मालूम था कि मैं जीवित हूं या शहीद हो गया। मेरा पत्र मिलते ही घर में दीपावली जैसा महोत्सव मनाया गया। मेरी पत्नी प्रेमकली तो मेरी बाट जोहते-जोहते बेहाल हो चुकी थी।

1945 के मई महीने में हमें जिगर किच्छा से मुलतान ले जाने का आदेश हुआ। मुलतान में हमें करीब एक हफ्ता रखा गया। फिर हमें दिल्ली के लाल किला में रखा गया। ब्रिटिश सीआईडी ने हमसे पूछताछ की। यह सिलसिला तकरीबन चार महीने तक चला। इसके बावजूद सीआईडी हमसे मतलब की कोई बात उगलवा नहीं सकी।

कुछ दिनों बाद आज़ाद हिन्द फौज के तीन जांबाज जवानों शाहनवाज खां, कर्नल पी.के. सहगल और कर्नल गुरूबख्श सिंह ढिल्लन पर ब्रिटिश हुकूमत ने मुकदमा चलाया। यह मुकदमा लाल किला में चला। इन लोगों की पैरवी मशहूर वकील तेज बहादुर सप्रू, भूला भाई देसाई, के.एन. काटजू और सरदार पटेल ने की। पंडित जवाहरलाल नेहरू भी पेशी के दौरान काला गाउन पहनकर कोर्ट में आते थे। पैरवी में जोरदार बहस-जिरह होती थी। बाद में शाहनवाज खां, कर्नल पी.के. सहगल आदि को बरी कर दिया गया।

मुकदमे की खबरें अखबारों में प्रकाशित होती थीं। समस्त देशवासी उत्सुकता से इन खबरों को पढ़ा करते थे। रिहाई के बाद हम लोगों को मालूम हुआ कि दिल्ली के एक स्कूल के छात्रों ने उन्हें अपने अंगूठे के खून से तिलक लगाया था।

चंद दिनों बाद हमें दिल्ली छावनी के बंदीगृह में भेजा गया। महात्मा गांधी वहां हमसे मिलने आए थे। बल्लभभाई पटेल उस समय वहीं मौजूद थे। बापू के कहने पर मैंने उन्हें वॉयलिन पर राष्ट्रगान की धुन सुनाई थी। बापू हमारी धुन सुनकर प्रसन्न हुए। उन्होंने मुझसे मेरा नाम पता पूछा, फिर अनुभव के बारे में पूछने लगे। मेरी कहानी सुन बापू विह्वल होकर बोले, सचमुच आपका त्याग और योगदान अमूल्य है।

धीर-धीरे दिल्ली कैंट से हमारे साथी छोड़े जाने लगे। मुझे भी दिल्ली कैंट से मुलतान कैंट भेज दिया गया। वहां से 11 अप्रैल 1946 को दूसरों के साथ मुझे भी रिहा किया गया। उसी रोज मुझे अर्दली रूम में रिपोर्ट करने का आदेश मिला था। अंग्रेजों ने मुझसे वहां पूछताछ की। फिर मुझे कहीं भी जाने के लिए मुक्त कर दिया। मैं ब्लैक श्रेणी में रखा गया था। जो अंग्रेजों के वफादार होते थे, उन्हें सफेद श्रेणी मिलती थी। जो मौकापरस्त होते थे, उन्हें ग्रे श्रेणी में रखा जाता था। ब्लैक श्रेणी में ही रखकर मुलतान में हमारे 11 साथियों को फांसी की सजा सुनाई गई थी।

रिहा होने के बाद मैं अपने कुछ आईएनए के साथियों से मिला। उनसे मुझे मालूम हुआ कि दिल्ली में शरतचन्द्र बोस मुझसे मिलना चाहते थे। दिल्ली के दरियागंज में हमारा ऑफिस था। मैं अय्यर साहब के साथ शरतचन्द्र बोस से मुलाकात करने उनके बंगले पर गया। अय्यर साहब आईएनए के फौजी थे। बातचीत हुई। फिर उन्होंने मुझे दार्जिलिंग में नेताजी के बंगले में रहने के लिए कहा। उनका कहना था कि नेताजी के नाम पर आर्केस्ट्रा पार्टी बनानी है। उन्होंने मुझसे कहा कि तुम घर जाओ, मैं सूचित करूंगा कि दार्जिलिंग कब जाना है। विदा होते समय उन्होंने मुझे कुछ रुपए दिए और बोले, यह पैसा राह में काम आएगा, रख लें। मेरे पास और कुछ तो है नहीं, अभी यही मदद कर सकता हूं।

उनकी बात सुनकर मेरा रोम-रोम उठा। दिल पसीज गया। दरअसल, शरतचन्द्र बोसजी भी भावुक हो रहे थे। अंतत: वह अपने को संयमित नहीं रख सके। बोले, राम सिंह, तुम अकेले ही लौट आए, नेताजी को साथ नहीं लाए।

मेरा दिल मानो फट-सा गया। लाख कोशिशों के बावजूद मेरे आंसू रूके नहीं। मैंने शरतजी की ओर देखा। उनकी भी आंख नम थीं। फिर उन्होंने मुझे गले से लगा लिया। मैं फफककर रो पड़ा।

''मुझे नेताजी की वह बात भी याद है। उन्होंने रंगून छोड़ते हुए मुझसे कहा था मैं आपको छोड़कर जा रहा हूं। आप चिंता न करें। जल्द-से-जल्द आप भारत पहुंचें। मैं वहां आपसे शीघ्र ही मिलूंगा।''

देशवासी पलकें बिछाए रहे नेताजी के इंतजार में, लेकिन न जाने उन्हें किस काल ने ग्रस लिया। वह फिर कभी न लौटे।

मई 1946 में मैं अपने घर धर्मशाला गया। मैं घरवालों से काफी समय

बाद मिला था। कुछ दिन वहां रहा। धर्मशाला में ओयल कैंप में कुछ इतावली लोगों को अंग्रेजों ने बंदकर रखा था। जब इन लोगों को इटली जाने की अनुमति मिली, तो राह-खर्च के लिए वे अपने वाद्य यंत्र बेचने लगे। मैंने गांववालों से धन जमा किया और कुछ वाद्य यंत्र खरीद लिए।

उसी बीच मुझे दिल्ली बुला लिया गया। आईएनए के सिपाहियों की बैठक थी। जनरल शाहनवाज साहब ने नेहरूजी और पटेल साहब से मुझे मिलवाया। फिर एक बैण्ड पार्टी बनाने की बात उठी। पटेल साहब ने मुझे पांच हजार रुपए दिए और कहा, आप 10-15 आदमियों को लेकर पार्टी बनाएं।

सरदार पटेल ने मुझे बम्बई रिलीफ कमेटी से वाद्य यंत्र दिलवाने को भी कहा था।

कर्नल पी.के. सहगल, कर्नल रतौड़ी, कर्नल महमूद अहमद के अधीन बैण्ड पार्टी का गठन हुआ। इस पार्टी का नाम 'आल इंडिया आईएनए आर्केस्ट्रा, कण्डेक्टेड बाई कैप्टन राम सिंह, रखा गया।

राष्ट्र-भावना जगाने के लिए मैंने पूरे देश का भ्रमण किया। बंबई, कलकत्ता, पटना, लाहौर, सिलीगुड़ी, सीतामढ़ी और न जाने कहां-कहां गया। अब तो मुझे उन शहरों के नाम भी याद नहीं। फिर वह दिन आया, जिसका हर देशवासी को इंतजार था। 15 अगस्त 1947 को हमारा देश आज़ाद हुआ। हमने अपनी बैण्ड पार्टी के साथ लाल किले पर झण्डा फहराते समय धुन बजाई। नेहरूजी ने झण्डा फहराया था। समूचे देश में खुशी की लहर दौड़ गई, लेकिन हमारे दिल में एक मलाल रह गया। नेताजी की ग़ैरहाजिरी हमें खलती रही।

सन् 1948 में मुझे कर्नल पी.एस. रतौड़ी का पत्र मिला। मुझे अपनी पार्टी के साथ उन्होंने लखनऊ बुलाया था। कर्नल पी.एस. रतौड़ पीएसी की 8 वीं बटालियन में कमांडेंट थे। उन्होंने लिखा था, 15 अगस्त से पहले लखनऊ आ जाओ। मैं 15 अगस्त के बाद लखनऊ पहुंचा और उनके कहने पर अपनी बैण्ड पार्टी सहित पीएसी की तीसरी बटालियन में भर्ती हो गया। उस समय प्रदेश के पुलिस प्रमुख बी.एन. लहरी थे। हमारी बैण्ड पार्टी उनसे मिलने पहुंची। उन्होंने कुछ हबलदार तथा तीस जवानों की बैण्ड पार्टी बनाने की अनुमति दी। कालांतर में पार्टी सदस्यों की संख्या बढ़ा दी गई।

तमाम अतिथियों के लखनऊ आगमन पर हमारी बैण्ड पार्टी ने उनके सम्मान में गीत गाए। पंडित नेहरू के लखनऊ आगमन पर हमने उन्हें गार्ड

ऑफ ऑनर भी दिया। सन् 1956 में मुझे प्रथम गवर्नर मैडल दिया गया था। मुझे राष्ट्रपति पदक से सम्मानित किया गया। 1971 में मुझे पीएसी से सेवानिवृत्त कर दिया गया, किंतु मुझे आजीवन पीएसी एवं उत्तर प्रदेश पुलिस बैण्ड का संगीतज्ञ नियुक्त किया गया। साथ ही 'एमरिट्स संगीत सम्मान' से अलंकृत किया गया।

संपादित अंश : मनोहर कहानियां-जनवरी 1996 से साभार

कुछ पल राम सिंह के गांव में...

–राजेन्द्र राजन

खनियारा : 18 नवंबर 2020

मुम्बई से धर्मशाला आए लेखक मित्र सूरज प्रकाश के बेटे की शादी का निमन्त्रण था। सोचा करोना काल में जब भीतर और बाहर अवसाद का माहौल पूरी तरह तारी है तो घर से निकला जाए और कैप्टन राम सिंह के गांव में उनकी जड़ों की तलाश में जो सूत्र मुझसे बार-बार छूट रहे थे उन पर अन्तिम बार फिर से काम किया जाए।

राम सिंह पर किताब का संपादन 20 साल से चल रहा था और मुझे इस बात का असन्तोष सा था कि मैं इस महान विभूति के जन्म स्थान तक ठीक से पहुंच नहीं पा रहा हूं। यद्यपि कई साल तक मेरी तैनाती धर्मशाला में रही। लेकिन तब खनियारा का वो गांव किसी अजनबी सा मेरे भीतर बसा रहा था। मुझे यह बात भी सालों-साल खलती रही कि धर्मशाला से महज़ 5 किलोमीटर दूर 15 अगस्त 1914 को ऐसा सख्श पैदा हुआ था जिसके व्यक्तित्व व कृतित्व को लेकर इस शहर के बाशिन्दों में कभी भी उत्तेजना या आकर्षण नहीं रहा। लेखकों, कलाकारों या स्वतन्त्रता सेनानियों को लेकर जो जुनून या लगाव कुछ दीगर देशों में देखने को मिलता है, उसका भारत में नितान्त अभाव है। रूस में वहां के लोगों में लीयो टॉलस्टाय की स्मृतियां उनकी धमनियों में बसती हैं। वे उनके लिए महज़ लेखक नहीं थे अपितु उस क्रान्ति की जमीन तैयार कर रहे थे जिसकी बुनियादी पर आज रूस खड़ा है। टॉलस्टाय रूस व समस्त विश्व के लिए एक ऐसी धरोहर है जिसकी तुलना शायद संसार के किसी भी अन्य लेखक से नहीं की जा सकती।

अपने देश में प्रेमचंद महज़ पाठयक्रमों की किताओं या हिन्दी साहित्य में जीवित है। वाराणसी के समीप लमही गांव में उनके घर-मकान, सामान और किताबों के संरक्षण को कभी भी किसी सरकार या लेखक समाज ने गंभीरता से नहीं लिया। ठीक इसी प्रकार खनियारा में जन्में राम सिंह ठाकुर को जिस मान-सम्मान से नवाजा जाना चाहिए था वो मकाम उन्हें कभी भी हासिल नहीं हुआ। वे उसके हकदार थे। मुझे यह बात हमेशा खटकती रही। आज सोचता हूं अगर नड्डी में रहने वाले कर्नल शिव नारायण सिंह गुरंग ने मुझे कैप्टन राम सिंह के बारे में महत्वपूर्ण सामग्री या दुर्लभ चित्र उपलब्ध न कराए होते तो शायद मैं इस योजना को अन्जाम न दे पाता। 22 साल का लम्बा वक्त लगा।

इस बारे में मैं उन संपर्कों को तलाश में था जो राम सिंह के परिवार के सदस्य हैं या उनके करीब रहे हों। ऐसे लोगों की तलाश में मेरी सहायता की वरिष्ठ लेखक गौतम शर्मा व्यथित ने। उन्होंने मुझे श्री विजय शमशेर भंडारी का संपर्क दिया जिनकी पत्नी श्रीमती सुंजला भंडारी ठाकुर राम सिंह की साली रूक्मणी देवी की बेटी हैं और स्कूल टीचर हैं।

मैं सुबह करीब दस बजे श्यामनगर में भंडारी जी के घर पहुंचा। वे सड़क पर मेरी प्रतीक्षा करते दिखे। भंडारी जी की पत्नी संजुला ने बताया, 'बचपन में मैं अपनी माता जी के साथ लखनऊ जाती थी। राम सिंह जी के घर। तब मैं बहुत छोटी थी। स्कूल में पढ़ती थी। जब कभी परिवार के सब लोग इकट्ठे होते तो वे वॉयलिन पर कई गानों की धुनें बजाते थे। उन्होंने कई नेपाली फिल्मों के लिए संगीत भी दिया था। मुझे याद है उन्होंने मुझे एक नेपाली गीत भी सिखाया था जो कुछ दिनों में ही मेरी ज़ुबान पर चढ़ गया था। और फिर कई सालों तक मैं उसे गुनगुनाती रही। उसके बोल हैं, 'आऊंचू नी मंदा एती दिन। बीतियो हुजूर न। आउने कस्तो हुजूर र।' इसका अर्थ है कि प्रेमिका प्रेमी को उलाहना देती है कि तुम वादा करके आए नहीं और दिन बीतते जा रहे हैं। भंडारी जी के पिता जी भी स्वतन्त्रता सेनानी थे। उसी गोरखा रेजिमेन्ट में जिसमें रामसिंह भर्ती हुए थे।

पाठकों के लिए यह जानना रुचिकर होगा कि गोरखा समुदाय में अधिकांश लोग भारतीय फौज में रहे हैं और अभी भी हैं। अन्य समुदायों की ही तरह गोरखा कम्यूनिटी के जाबांज़ सैनिक दुनिया भर में अपने पराक्रम,

शौर्य व बलिदान के लिए जाने जाते हैं। धर्मशाला में इस समुदाय का शायद ही कोई परिवार होगा जहां से लोग भारतीय फौज में पूर्व या वर्तमान में सेवारत न रहे हों। गोरखा समुदाय की गौरवशाली गाथा रही है। सन् 1815 में गोरखा-सिख युद्ध के उपरान्त इसी समुदाय ने धर्मशाला व इसके इर्द-गिर्द गांवों को बसाया था। ब्रिटिश हुकूमत ने तो बाद में यहां अपने पांव पसारे। कर्नल धन सिंह थापा परमवीर चक्र से सुशोभित हुए तो ब्रिगेडियर शेर जंग थापा महावीर चक्र से। लम्बी सूची है। आईएनए के दो स्वतन्त्रता सेनानियों शहीद मेजर दुर्गामल एवं कैप्टन दल बहादुर को ब्रिटिश सरकार ने आज़ादी से करीब दो साल पूर्व लाल किले पर फांसी पर लटका दिया था। धर्मशाला के समीप दाड़ी में उनकी स्मृति में स्मारक का निर्माण किया गया है।

भंडारी जी और श्रीमती संजला देवी ठाकुर के घर उनके फोटो उतारने व बातचीत के बाद में पुनः भंडारी जी के साथ खनियारा की ओर अपनी कार ड्राइव करने लगा। श्यामनगर की वे ऊबड़ खाबड़ तंग गलियां सीमेन्ट की पक्की-सड़कों में तब्दील हो चुकी है। बीस साल पहले मुझे यह शहर कतई लुभाता नहीं था। तब यहां गंदगी के ढेर थे, इसे हर कोई सोया हुआ सा शहर मानता था जहां सांझ उतरते ही लोग-बाग अपने-अपने दड़बों में दुबक जाते थे। तब सूनापन और खामोशी खाने को दौड़ती थी। धर्मशाला को स्मार्ट सिटी का दर्जा क्या मिला, इसकी तो मानो किस्तम ही खुल गई। करोड़ों रुपयों से इसे सजाया संवारा जा रहा है। सड़कों पर अब बिटुमेन या तारकोल की टारिंग नहीं है अपितु हर तरफ, हर गली मुहल्ले में सीमेन्ट की खूब चौड़ी सड़कें हैं। स्वच्छता में शायद यह हिमाचल के कुछ अग्रणी शहरों में शुमार है। मकानों की निर्माण शैली ऐसी कि लगता है यहां रहने वाला और मकान बनाने वाला हर शख्श कोई क्रिएटिव राइटर या चित्रकार हो। सौदर्यबोध व कलापक्ष का विशेष ध्यान घरों के निर्माण में रखा जाता है। गत कई सालों से मेरा मन यह सोच-सोच कर ललचाता सा रहा कि काश धर्मशाला में भी मेरा मकान होता। लेकिन हमीरपुर में अपने गांव बल्ह की जड़ों से में कभी भी दूर नहीं हो पाया।

श्यामनगर से कोतवाली बाजार से आने वाली और खनियारा गांव तक पहुँचने वाली सड़क पर हम पहुँचे तो दाड़ी, रक्कड़ कालोनी, फतेहपुर या योल कैन्ट की तराई में बने मकानों पर निगाह जाते ही लगा शायद मैं

युरोप के किसी गांव में पहुंच गया हूं। लाल टीन और हरे टीन की छतों का मिश्रित मोज़ेयक और फिर बेपनाह घनी हरियाली से झांकती ये रंगीन छतें। मानों किसी कलाकार की कूची ने वसुन्धरा के इस टुकड़े पर हरे व लाल रंग विखेर दिये हों। धौलाधार पर्वत श्रृंखला के किसी ऊंचे स्थान पर पहुंचकर जब आप धर्मशाला या उसके आस-पास बसे गावों को देखते हैं तो लगता है यह किसी कवि की कल्पना है या एक ऐसी कविता जिसे हर कोई अपने भीतर रचा-बसा लेना चाहता है। जब 2010 के आसपास मुझे 'नया ज्ञानोदय' के सम्पादक व लेखक रवीन्द्र कालिया ने धर्मशाला शहर पर शहरलामा में लिखने के लिये प्रेरित किया था तो लम्बे वक्त तक में एक स्वप्नलोक में जीता रहा था।

बात लम्बी हो गयी। लेकिन यह शहर किसी स्वप्न से कम नहीं। किसी पत्रिका में पढ़ा था कि पुराने वक्त में धर्मशाला के लैण्डस्केप की तुलना स्केण्डेनेविया देश से की जाती थी।

खनियारा, पहुंचे तो हमारी भेंट श्री शिवराज थापा से हुई। वे कपड़ों में लिपटी हुई फोटो एलब्मस और रामसिंह से जुड़ी अन्य सामग्री लेकर आए थे। मुझे दिखाने। राम सिंह की स्मृति में बने सामुदायिक भवन को देखकर प्रसन्नता हुई। सरकार ने महज़ पांच लाख रुपए देकर अपना पल्ला झाड़ लिया था। गोरखा समुदाय के लोगों ने अपने नायक की स्मृति में बन रहे भवन के निर्माण के लिए लाखों रुपए चन्दे के रूप में जुटाए हैं। राम सिंह की एक प्रतिमा जिसमें वो वॉयलिन बजाते हुए नजर आते हैं एक मन्दिर में रखी हुई थी। वह अब सामुदायिक भवन में सुरक्षित है। थापा जी चाहते हैं कि खनियारा गांव में उसे उचित स्थान पर स्थापित किया जाए। मालूम नहीं उनका यह सपना कब साकार होगा?

भंडारी जी ने मुझे रूकमणि देवी व उनकी बेटी रंजू देवी सहाय से मिलवाया। रूकमणि देवी राम सिंह की साली साहिबा हैं और 93 साल की हैं। ठीक से बात नहीं कर सकती। अत: उनसे राम सिंह यानी अपने जीजा जी के बारे में जानना निष्फल रहा। उनकी बेटी रंजू जी ने बताया कि यह वही मकान है जहां 107 साल पहले राम सिंह पैदा हुए थे। तब यह मिट्टी का जर्जर सा मकान था। इसे बार-बार रिपेयर किया गया। यूं सरकार को चाहिए था कि इस मकान को धरोहर के रूप में संरक्षित कर पाती। लेकिन ऐसा कभी होगा, लगता नहीं है।

कैप्टन राम सिंह के नाम पर हर साल खनियारा में एक बड़े स्तर का फुटबाल टूर्नामेंट बीस साल से आयोजित हो रहा है। लेकिन 2020 में कोविड-19 के कारण नहीं हो पाया। थापा जी ने अपनी फाइलों को खोला जिनमें राम सिंह के कुछ दुर्लभ चित्र थे। महात्मा गांधी के सामने वॉयलिन पर धुन बजाते हुए। नेहरू के साथ। फील्ड मार्शल मानेकशाह के साथ और कई और अनगिनत चित्र जिनके फोटो मैंने अपने कैमरे से उतारे। इस घर के भीतर व बाहर की तस्वीरें मैंने लीं।

यहां खनियारा गांव की ऐतिहासिक पृष्ठभूमि के बारे में जानना जरूरी है। यहां स्लेट की खानें हैं। इसी कारण कभी यह एशिया की सबसे सम्पन्न व समृद्ध व अभीर ग्राम पंचायत मानी जाती थी। ब्रिटिश हुकुमत ने कई कम्पनियों को स्लेटों की खुदाई के लिए अनुबन्धित किया था। इन खानों के कारण ही इस गांव का नाम खनियारा पड़ा। माइनिंग की यहां की स्लेटों की मांग पूरे हिमाचल में रही। लेकिन टीन की छतों और लैंटर की छतों ने स्लेटों की मांग को लगभग शून्य सा कर दिया है। हाईकोर्ट ने 2011 में यहां माइनिंग पर प्रतिबंन्ध लगा दिया था। उससे पहले यहां 625 हैक्टेयर एरिया मैं स्लेटों की खुदाई होती थी। लेकिन सदियों से जारी इन खदानों ने पहाड़ के सीने को खोखला कर दिया है। अब केवल 25 हैक्टेयर भूमि पर ही माइनिंग की इजाज़त है। पहले विस्फोट से स्लेटें निकाली जाती थीं। अब शायद अवैध रूप से यह काम चल रहा है। लेकिन स्लेटों की मांग न होने के कारण यह धंधा चौपट हो चुका है। अब स्वत: ही बड़े पैमाने पर इस पर अंकुश लग चुका है। यहां बहुत से मन्दिर हैं और लॉ कालेज और होटल मैनेजमेन्ट ट्रेनिंग संस्थान भी यहां खुले हैं। खनियारा में ज्यादातर गद्‌दी समुदाय के लोग रहते हैं तो गोरखा और चौधरी समुदायों के परिवार भी काफी संख्या में हैं।

कुछ सालों से यह गांव धर्मशाला नगर निगम का हिस्सा हो गया है। इसी कारण यहां विकास के चिन्ह नज़र आने लगे हैं। इसी गांव में सांसद किशन कपूर जी का घर है। वे कई साल तक भाजपा सरकारों में मन्त्री भी रहे लेकिन राम सिंह के बिरसे के संरक्षण में कुछ खास नहीं कर पाए। इसका मलाल मुझे हर उस शख्स की आंखों में दिखा जो किसी न किसी रूप में राम सिंह की स्मृतियों के प्रति आदर भाव रखता है। अनेक घर ऐसे हैं जहां से स्वतन्त्रता सेनानी भी हुए। राम सिंह के परिजनों की लम्बे समय से मांग

रही है कि खनियारा में या धर्मशाला में राम सिंह के नाम पर किसी बड़े स्मारक, संग्रहालय या संस्थान का निर्माण होना चाहिए। लेकिन इस इलाके के राजनेताओं की इस ओर बड़ी कल्पनाशीलता व अपने नायक्क के प्रति समुचित आदर भाव व सम्मान का अभाव दिखाई देता है। वे गोरखा समुदाय को वोट बैंक के रूप में इस्तेमाल करते रहे हैं। लेकिन उनकी जायज़ मांगों पर शायद कभी विचार नहीं हुआ।

खनियारा : 5 मई, 2019

धर्मशाला से करीब 6 किलोमीटर दूर धौलाधार के आंचल में बसा खनियारा गांव को लोग उन स्लेटों के लिए जानते हैं जो पुराने वक्त में छतों को ढकने के लिए इस्तेमाल की जाती थीं। 1998 से 2007 तक धर्मशाला में अपनी दो बार की तैनाती के दौरान खनियारा का आकर्षण मुझे बार-बार खींचता रहा। स्लेटों की खानें देखने के वास्ते वहां कई किलोमीटर की पैदल यात्रा मेरे बस की बात नहीं थी। स्लेटों के अवैध खनन के लिए खनियारा बदनाम रहा। कोर्ट-कचहरियों के दखल के बाद ब्लास्टिंग से पहाड़ को तोड़कर स्लेटें निकालने पर पाबन्दी आयत हुई तो खनन विभाग की अनुमति से मैनुअल ढंग से स्लेट निकाले जाते हैं और खच्चरों पर गांव की सरहदों तक पहुंचते हैं। स्लेटपोश मकानों की जगह अब लालटीन की खूबसूरत छतें नजर आती हैं। शायद निर्मल वर्मा की लालटीन की छत उपन्यास पढ़कर ही मैं भी हमीरपुर में 'राइटरस कुटीर' की छत को लालटीन से ढकने का लोभ संवरण नहीं कर पाया। पर अभी भी गांव देहात में पुराने मकानों की मरम्मत में लोग-बाग इन्हीं स्लेटों का इस्तेमाल करते हैं। अब यह धन्धा मन्दी का शिकार है।

बहरहाल, खनियारा पहुंचने से थोड़ा पहले पुल के पास फूड क्राफ्ट इस्टीच्यूट में एक सेमिनार था। जिसके लिए मुझे पर्यटन विभाग ने आमन्त्रित किया था। 'राइटरस कुटीर होम स्टे का पंजीकरण पर्यटन विभाग में हुआ है। होमस्टे को क्रियाशील करने के लिए यह सेमिनार था। दोपहर बाद मैं खनियारा गांव आ गया। मकसद था ठाकुर रामसिंह की स्मृतियों की खोज। राष्ट्रगान धुन के जनकदाता...'जनगणमन... अधिनयाक जय हे...' के क्रिएटिव जीनियस। सोचा राम सिंह के बहुमूल्य योगदान पर तैयार पुस्तक के

अन्त में एक अध्याय उनके गांव का भी जोड़ता चलूं। मई 1999 में जब मेरी भेंट रामसिंह से धर्मशाला के सर्किट हाऊस में हुई थी तो उन्होंने अपने दिल का मलाल मुझसे सांझा किया था कि खनियारा में उनके पुश्तैनी मकान पर कुछ ऐसे लोग कब्जा जमाए बैठे हैं जो उसके कानूनी हकदार नहीं हैं। मगर यह बात सच नहीं निकली। मुझे इस बार राम सिंह के पुश्तैनी स्लेटपोश कुटिया में जाने का मौका मिला। पता चला कि रामसिंह की साली रूकमणि देवी उस मकान में रहती है। मकान में ताला जड़ा हुआ था। रूकमणि देवी शायद अपने बेटे के घर धर्मशाला गई हुई थीं। वे एक उम्रदराज महिला हैं। शायद 90 के आसपास। लेकिन रामसिंह के दो सौ साल पुराने मकान का रखरखाव देखकर मन को संतोष हुआ। उस तपती दुपहरी में अपनी कार ड्राइव करते हुए मैं पूरण सिंह साही ठाकुर की दुकान पर रूका। खोजबीन के उपरान्त ज्ञात हुआ कि पूरण सिंह राम सिंह के 'कज़िन' हैं। यानी राम सिंह की मौसी के लड़के । राम सिंह के करीबी रिश्तेदार से मिलना मेरे लिए सौभाग्य की बात थी। मानो कोई मुराद मिल गई हो। पुस्तक में जीवन्तता लाने के लिए जरूरी था कि रामसिंह की जड़ों को तलाश किया जाए।

पूरण सिंह जी ने अदब से मुझे उस खोखेनुमा दुकान में बिठाया। उनकी पत्नी भी साथ थीं। फिर चाय की चुस्कियों के दरम्यान राम सिंह के अतीत से गर्द हटाने का सिलसिला शुरू हुआ। 'मैं 1935 में पैदा हुआ था। मेरी उम्र 85 साल है। राम सिंह मुझे बहुत प्यार करते थे। 1947 में देश के आज़ाद होने के बाद जब वे यहां अपने घर आए तो मुझे कहा कि तुम भी फौज में भर्ती हो जाओ। उनकी प्रेरणा, मार्गदर्शन से मैं 1952 में आर्मी में रंगरूट के रूप में भर्ती हो गया। राम सिंह मुम्बई भी गए और फिल्मों में बतौर म्यूज़िक डायरैक्टर किस्मत आजमाने का प्रयास किया। उनके एक गीत की धुन हमारे फौजियों को आज भी जोश से भर देती है। 'कदम-कदम बढ़ाये जा, खुशी के गीत गाए जा... ये जिन्दगी है कौम की तू कौम पे लुटाए जा...' उसने (राम सिंह ने) अपना एक म्यूज़िक ग्रुप बनाया और आज़ादी के बाद देश भर में घूम-घूमकर देश प्रेम व राष्ट्रीय भावना से ओत-प्रोत गीतों से लोगों का मनोरंजन करते रहे। उनमें जोश भरते रहे। हम गोरखाली समाज से हैं। दुर्गामल थापा व दलबहादुर थापा को जंगे आज़ादी में अंग्रेज़ी हुकूमत के खिलाफ बग़ावत करने और माफीनामे पर दस्तख्त न करने के

कारण फांसी पर लटका दिया था। 1947 से पहले मेरे भाई राम सिंह भी दूसरे कैदियों के साथ लालकिले में ही कैद में थे। सुभाष बोस के करीबी होने और 1942 में कौमी तराना 'जनगण..मन' की धुन तैयार करने और आईएनए में सक्रिय भूमिका निभाने के लिए रामसिंह को भी फांसी पर लटकाने का फरमान जारी हुआ था। लेकिन मेरे भाई की खुशकिस्मती देखिए कि उनकी वॉयलिन ने उन्हें बचा लिया। लालकिले में दीवार पर टंगी वायलिन को जब अंग्रेज़ अफसर ने देखा तो राम सिंह की इच्छा पूरी करने वो उस शख्स के खिलंदड़ेपन का कायल हो गया और उसे फांसी के फंदे से मुक्त कर दिया।' मुझे इस कहानी में कहीं-कहीं फिक्शन ज्यादा लगी यानी कल्पना की उड़ान। क्योंकि एक बार अगर अंग्रेजी हुकूमत ने किसी स्वतन्त्रता सेनानी को फांसी पर लटकाने का हुक्म जारी कर दिया तो समझो कि उसका बचना नामुमकिन है। क्या शेर की मांद में कोई निडर रहकर उसके शिकार से बच सकता है? शायद नहीं। पूरण सिंह बताते हैं कि मेरे भाई राम सिंह 15 साल तक फौज में रहे। फिर बन्दी रहे। सिंगापुर में जापान के विरुद्ध युद्ध के दौरान उन्होंने बेहद बुरा वक्त देखा। जंगलों में कंदमूल खा-खा कर गुजारा किया। कितने ही दिन और रातें भूखे पेट रहकर गुजारी। सुभाष बोस की सेना में उन्हें म्यूजिक डायरैक्टर का रूतबा मिला और वे बोस के प्रिय सिपाहियों में से एक थे। कौमी तराना, 'शुभ सुखचैन की बरखा बरसे, भारत देश है जागा... जय हे... जय हे... की धुन कम्पोज़ करने की प्रेरणा सुभाष चन्द्र बोस ने ही राम सिंह को दी थी। लेकिन उससे पहले 1935 से 1940 के बीच फौज में रहते हुए राम सिंह ने कई बड़े अंग्रेज़ संगीतकारों से पश्चिमी संगीत में तालीम हासिल की थी। पूरण सिंह की पत्नी का नाम पुष्पा है और वे 82 साल की हैं। वे बताती हैं, 'उत्तर प्रदेश की पीएसी में भर्ती होने के बाद वे लखनऊ में ही बस गए थे और डीएसपी के पद से रिटायर हुए थे। लेकिन उनके बच्चों प्रकाश और उदय शंकर ने रामसिंह की उपेक्षा की और उनकी लोकप्रियता को भुनाने में लगे रहे।' इसी बीच पूरण सिंह ने पुष्पा को टोका और बताया, 1957 में नैनीताल में रामसिंह ने कुछ वक्त गुजारा था और 'मधुमती' फिल्म की शूटिंग के दौरान एक गोरखाली गीत और नृत्य की शूटिंग में राम सिंह ने विमल राय की यूनिट की काफी मदद की थी। वे दिलीप कुमार से भी मिले थे। मुझे याद आता है कि वो गाना शायद था, 'जुलमी संग आंख लड़ी ओ सखी कासे

कहूं... कैसी घड़ी ये आन पड़ी जुलमी संग आंख लड़ी रे... इस गीत की शूटिंग रानीखेत के आसपास किसी गांव में हुई थी। राम सिंह ने मुझे बताया था कि इस गाने में उत्तराखंड के गोरखाली समाज का पहरावा है और खूब हरे भरे व घने पेड़ों के बीच किसी छोटे से मैदान में इसे फिल्माया गया था वैजयन्ती माला पर। घरों में टीन की टूटी-फूटी छतें भी दिखाई देती हैं। इस गाने की लोकेशन और डांस ट्रुप यानी नर्तक मण्डली का कास्ट्यूम राम सिंह ने सुझाया था। यद्यपि उन्हें फिल्म में कोई क्रेडिट नहीं दिया गया, राम सिंह लालटेन जलाकर फिल्मी कलाकारों को जंगल का रास्ता दिखाते थे रात में।

पूरण सिंह साही जी से मैं दोपहर बाद करीब 3 बजे मिला था। भीषण गर्मी में। वे अपनी पत्नी पुष्पा के साथ समीप ही ऐसे दो स्थानों पर ले गए जहां राम सिंह की स्मृति में एक सड़क का नाम रखा गया है। हालांकि यह सड़क खनियारा गांव के भीतर ही घूमती फिरती किसी सड़क से मिल जाती है। दूसरा सम्मान है खनियारा गांव में स्थित राजकीय वरिष्ठ माध्यमिक पाठशाला जिसका नामकरण कैप्टन राम सिंह ठाकुर के नाम पर किया गया है। फूड क्राफ्ट इन्स्टीच्यूट में जाने से पूर्व मैं प्रात: करीब 9 बजे भी कार लेकर गांव पहुंचा था। मेरी भेंट नरेश नामक लड़के से हुई थी जो मुझे दुर्गा मन्दिर ले गया था। राम सिंह का पुश्तैनी मकान भी मुझे नरेश ने ही दिखाया था। दुर्गा माता मन्दिर में राम सिंह की एक प्रतिमा रखी हुई है जिसमें वे वायलिन बजा रहे हैं। जब राम सिंह की स्मृति में स्पोर्ट्स टूर्नामेंट होते हैं तो उसे मंच पर सजा दिया जाता है। खनियारा के पूर्व प्रधान शर्मा ने बताया कि सरकार ने रामसिंह की स्मृति में स्मारक बनाने के लिए 5 लाख रुपए स्वीकृत किए थे। यह बात अत्यन्त खेदजनक है कि लाखों रुपए स्वीकृत होने के बाबजूद रामसिंह के नाम पर खनियारा गांव में कोई स्मारक अभी तक आकार नहीं ले पाया है। रामसिंह को अन्य शूरवीरों और स्वतन्त्रता सेनानियों की तर्ज पर मान सम्मान मिले इसे सुनिश्चित करना सरकार और प्रशासन का कर्तव्य है जिसे देर सवेर पूरा करने के वास्ते धरातल पर काम होना बेहद लाज़मी है।

प्रथम संस्करण से प्रेरित नई कहानियां

कैप्टन राम सिंह के बेटे रमेश ठाकुर का इस पुस्तक को महत्वपूर्ण जानकारियों से समृद्ध करने में अद्वितीय योगदान रहा है। अगर ऐसा ना होता तो यह

किताब शायद पाठकों तक नहीं पहुंच पाती। इसके लिए मेरा उनके प्रति कृतज्ञता भाव बना हुआ हैं। उनके बहुमूल्य योगदान के लिए आभार व धन्यवाद जैसे शब्द गौण हैं।

हर्ष का विषय है कि इस पुस्तक का पहला संस्करण चंद महीनों में ही हाथों हाथ बिक गया। पुस्तक की देशभर में मांग बढ़ी तो दूसरा संस्करण प्रकाशित करना जरूरी हो गया। भारतीय ज्ञानपीठ ने अपने लेखकों की नाराज़गी और अनिच्छा के विरुद्ध सैंकड़ों टाइटलस वाणी प्रकाशन को बेच दिए। ऐसा प्रतीत होता है कि करोना का सर्वाधिक प्रभाव या प्रहार ज्ञानपीठ पर ही हुआ।

दूसरे संस्करण के लिए सामग्री का संशोधन करते हुए मुझे दो नई कहानियों का पता लगा जिनकी सुखद प्रतीति को मैं आपसे सांझा करना चाहता हूं। एक यह पश्चिम बंगाल के जिले केलिंम्पौंग शहर में राम सिंह की स्मृति में संगीत अकादमी की स्थापना होने जा रही है। इसकी शुरुआत यूं तो 2021 में लॉकडाउन के दौरान हो गई थी लेकिन विधिवत उद्घाटन 15 अगस्त 2022 को तय है। यह संगीत अकादमी इस कस्बे के दक्षिण में स्थित एक हिलटॉप दुर्पिन में एक अत्यंत मनमोहक स्थान पर स्थापित की जा रही है। इसका उद्देश्य स्कूली बच्चों में को-करीकुलर गतिविधियों की प्रेरणा व रूझान पैदा करना है। इस अकादमी के सूत्रधार का नाम योलमा है जो खुद एक जाने-माने संगीतकार हैं। उनकी परिकल्पना ओर सद्प्रयास से ही इस संगीत अकादमी ने अपने पंख खोले हैं।

दूसरी कहानी यह है कि राम सिंह के परिवार में जन्मी दो बहनों ने कम उम्र में ही अमेरिका में संगीत के क्षेत्र में एक बड़ा मुकाम हासिल किया है। इनके नाम हैं अनिका और आईना। ये दोनों राम सिंह की पड़पोती है जिन्हें संगीत की शिक्षा व प्रशिक्षण विरासत में मिले हैं। अनिका केलैरिनेट, सैक्साफोन, बांसुरी और पिआनो में सिद्धहस्त है तो उसकी छोटी बहन आईना कैलेरीनेट प्लेयर है और मिडल स्कूल के आर्केस्ट्रा से जुड़ी हुई हैं। अनिका बोस्टन यूनिवर्सिटी में 2022 में बायोमैडिकल की पढ़ाई कर रही है। निश्चित रूप से कैप्टन राम सिंह के परिवार के लिए यह गौरव का विषय है कि उनकी भावी पीढ़ियां इस महान संगीतकार की विरासत को सहेजे हुए हैं।

गीतों की रचना एवं संगीत

कैप्टन राम सिंह

आईएनए गीतों की रचना एवं संगीत

–कैप्टन राम सिंह

1. कदम–कदम बढ़ाए जा
2. शीश झुका कर भारत माता
3. जय जय भारत मां
4. इन्हें राह दो
5. ओ जाने वाले नेता
6. सबसे ऊंचा है झंडा हमारा
7. नेता जी हमारे हंसते–हंसते जीना
8. गई रात आया प्रभात
9. ओ जाने वाले नेता... नेता जी की याद (हिन्दी)
10. नेताजी की याद –(पंजाबी) दुनिया पई पुकारदी सुभाषा फारा कित्थे गया
11. आओ प्रेम की ज्योति जलाएं
12. आओ लहराएं तिरंगा प्यारा
13. भारत की महिमा

संगीतबद्ध गीत

1. हम भारत की बेटी हैं
2. जय हो महादेश हमारा
3. हिन्द के जवान लाख लाख के समानी
4. कौमी तिरंगे झंडे
5. भारत के नौनिहालों

6. नेताजी का फरमान
7. आज मातृ भूमि की पुकार है
8. सारे जहां से अच्छा
9. आज़ादी आई वतन का फरेरा
10. आज़ाद हिन्द के ज़वान आए
11. वन्दे मातरम्
12. सुभाष जी सुभाष जी
13. हम देहली-देहली जाएंगे
14. हिन्द के सपाही
15. जीते देश हमारा
16. शेरे हिन्द
17. इन्कलाब जिन्दाबाद
18. चलो दिल्ली चले आएं भाई
19. ऐसे चलेंगे
20. आज़ाद ही जिएंगे आज़ाद ही मरेंगे
21. नेताजी का सपना
22. हम मौत को बढ़कर चूमेंगे
23. देहली चलो
24. शुभ सुख चैन की बरखा बरसे
25. जागो समय तुम्हारा है।

पीसीए में 1948 के बाद स्वरबद्ध गीत

1. जीते देश हमारा
2. जन्म भूमि जननी
3. भूख सही प्यास सही
4. जागो केवन के प्रभात
5. पुलिस जनकी अभिलाषा
6. सीमाओं पर बजे नगाड़ा
7. पिपलू (पीपल) छाया
8. कौमी पलान हमारा है
9. शिव ताण्डव

10. स्वतंत्र की बेला आई
11. ये देश जवान वतन मुबारक
12. बापू की याद
13. हम भारत मां के चरणों में
14. क्यों प्यार सिखाया था
15. नया संसार बसा लो
16. सेनापति
17. रह गया फक्त का नामो-निशां हमारा
18. मदमरी
19. बढ़े चलो पुलिस जनों
20. ईस्ट मीट वेस्ट - तराना
21. निशा निमन्त्रण - ईवनिंग सनडाऊन
22. जागृति
23. अभिनन्दन गान
24. हिमाचल की आंचल
25. जवाहर ज्योति
26. हम तरक्की के रास्ते पर
27. बढ़े चलो पुलिस के वीर
28. पुलिस गीत
29. हमारी अभिलाषा
30. भील डान्स
31. हिल मैलोडी
32. स्वागत की बेला आई
33. सरगम

नोट : कैप्टन राम सिंह द्वारा उपरोक्त जिन गीतों की रचना की गई है तथा जिन्हें संगीतबद्ध, यानी कम्पोज़ किया गया है उनका स्त्रोत : आई.एन.ए. बुक ऑफ सांग्स है। इसके अतिरिक्त इनको संकलन में पीएसी लखनऊ के पूर्व सब इन्सपैक्टर श्री भरत राज साही का भी बहुमूल्य योगदान है। श्री साही ने कैप्टन राम सिंह के अधीन 35 साल तक अपनी सेवाएं दी थीं। उपरोक्त सभी गीत, संगीत व कम्पोज़ीशन्स का पीएस मुख्यालय महानगर लखनऊ में उचित व शानदार संरक्षण किया गया है। इसका एक कारण यह भी है कि बहुत से लोग डाक्यूमेन्टेशन के अभाव में इन गीतों व धुनों को चुराकर उनमें 'मौलिकता' की कथित रूप से झूठी 'मोहर' लगाने के ग़ैर ईमानदाराना व ग़ैर-जिम्मेदाराना प्रयास में संलिप्त रहे हैं।

चित्रों में

अ‍ॅनसंग कम्पोज़र ऑफ आईएनए

कैप्टन राम सिंह ठाकुर

वाल्मिकी भवन दिल्ली में आईएनए के स्वतन्त्रता सेनानियों के साथ महात्मा गांधी, पंडित जवाहर लाल नेहरू, सरदार पटेल का सेल्यूट से स्वागत करते हुए राम सिंह

पंडित जवाहर लाल नेहरू के साथ अन्तरंग क्षण

फील्ड मार्शल सैम मानेकशाह का स्वागत करते हुए

सिलीगुड़ी के समीप सुकमा में कैप्टन राम सिंह की प्रतिमा

CAPT RAM SINGH THAKUR AND MEMBERS OF THF P.A.C. BAND WITH OUR LATE PRIME MINISTER INDIRA GANDHI

CAPT RAM SINGH THAKUR RECEIVING THE GOLD MEDAL FROM UTTAR PRADESH FIRST GOVERNOR K M MUNSHI IN 1956 - LUCKNOW

लखनऊ में पीएसी के एक वरिष्ठ अधिकारी के साथ

एक समारोह में मुख्य अतिथि के रूप में

आकाशवाणी के एक गीत-संगीत कार्यक्रम में

सामुदायिक भवन, खनियारा में राम सिंह की प्रतिमा

'मधुमति'-1958 फिल्म की शूटिंग के दौरान नैनीताल में दिलीप कुमार के साथ राम सिंह व उनके बेटे रमेश ठाकुर व उदय शंकर

मई 1999 में आकाशवाणी धर्मशाला में एक साक्षात्कार

पिता दिलीप सिंह ठाकुर

राजकीय वरिष्ठ माध्यमिक पाठशाला, खनियारा राम सिंह की स्मृति में

खनियारा में राम सिंह का पैतृक मकान

कैप्टन राम सिंह के सुपुत्र रमेश ठाकुर

पिआनो एकॉर्डियन पर प्रस्तुति

परिवार के सदस्यों के साथ सामूहिक चित्र में

अपने मित्रों व परिजनों के साथ परफॉरम करते हुए

CHALO DELHI
Netaji Research Bureau Presents Netaji's Call to Battle and INA Songs by Ram Singh Thakur and Orchestra
CHALO DELHI
Netaji Research Bureau Presents Netaji's Call to Battle and INA Songs by Ram Singh Thakur and Orchestra
CPIX 880715
Side A Introduction : Sisir K. Bose · Netaji's First Broadcast to Indians in East Asia from Tokyo on 26 June 1943 · Subhasji Subhasji · Hum Delhi Delhi Jayenge · Subh Sukh Chain Ki · Kadam Kadam Barhae Ja · Utho Soe Bharat Ke Nasibo · Hum Bharat Ki Beti Hain
Side B He Bir Balako · Hindi Sipahi · Jai Ho Mahadesh Hamara · Quami Tirange Jhande · Azad Hind Sena Ne Jab · Sab Se Ucha Hai · Netaji Haste Haste Jeena Commentary : Sisir K. Bose · Excerpts from Netaji's Call to his Countrymen in East Asia, Singapore, 4 July 1943.
℗ & © Netaji Research Bureau
Manufactured by The Gramophone Co. of India Ltd